essentials

Essentials liefern aktuelles Wissen in konzentrierter Form. Die Essenz dessen, worauf es als „State-of-the-Art" in der gegenwärtigen Fachdiskussion oder in der Praxis ankommt. Essentials informieren schnell, unkompliziert und verständlich.

- als Einführung in ein aktuelles Thema aus Ihrem Fachgebiet
- als Einstieg in ein für Sie noch unbekanntes Themenfeld
- als Einblick, um zum Thema mitreden zu können.

Die Bücher in elektronischer und gedruckter Form bringen das Expertenwissen von Springer-Fachautoren kompakt zur Darstellung. Sie sind besonders für die Nutzung als eBook auf Tablet-PCs, eBook-Readern und Smartphones geeignet.

Essentials: Wissensbausteine aus Wirtschaft und Gesellschaft, Medizin, Psychologie und Gesundheitsberufen, Technik und Naturwissenschaften. Von renommierten Autoren der Verlagsmarken Springer Gabler, Springer VS, Springer Medizin, Springer Spektrum, Springer Vieweg und Springer Psychologie.

Mischa Seiter

Industrielle Dienstleistungen in sieben Handlungsfeldern

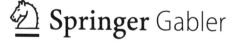

Prof. Dr. Mischa Seiter
Universität Ulm
Ulm
Deutschland

ISSN 2197-6708 ISSN 2197-6716 (electronic)
ISBN 978-3-658-06939-1 ISBN 978-3-658-06940-7 (eBook)
DOI 10.1007/978-3-658-06940-7

Die Deutsche Nationalbibliothek verzeichnet diese Publikation in der Deutschen Nationalbiblio-grafie; detaillierte bibliografische Daten sind im Internet über http://dnb.d-nb.de abrufbar.

Springer Gabler
© Springer Fachmedien Wiesbaden 2014

Springer Gabler ist eine Marke von Springer DE. Springer DE ist Teil der Fachverlagsgruppe Springer Science+Business Media
www.springer-gabler.de

Agenda

Industrielle Dienstleistungen sind für viele produzierende Unternehmen eine der wenigen Möglichkeiten, um sich im internationalen Wettbewerb zu behaupten. Allerdings sind Aufbau und Steuerung eines Dienstleistungsgeschäfts nicht trivial.

In diesem Buch werden im Rahmen von sieben Handlungsfeldern konkrete Probleme und Lösungen vorgestellt, so dass Sie Ihr Dienstleistungsgeschäft systematisch gestalten können. Beginnend mit der Wahl der Dienstleistungsstrategie bis schließlich zum Design von Anreizsystemen für sämtliche Mitarbeiter Ihres Dienstleistungsgeschäfts.

Das Buch ist eine konzentrierte Kurzfassung des Werks „Industrielle Dienstleistungen – Wie produzierende Unternehmen ihr Dienstleistungsgeschäft aufbauen und steuern". In der Langversion finden Sie detailliertere Ausführungen, mehr Beispiele sowie die Anpassung der einzelnen Handlungsfelder an verschiedene Dienstleistungsstrategien.

Stuttgart, im September 2014

Prof. Dr. Mischa Seiter

Inhaltsverzeichnis

Was ist für ein erfolgreiches Dienstleistungsgeschäft zu tun? – Übersicht über die Handlungsfelder

Warum dieses Buch, obgleich es schon Bücher zum Thema „Industrielle Dienstleistungen" gibt? Bisher fehlt ein **konzentrierter Überblick**, welche Handlungsfelder Unternehmen meistern müssen, um ihr Dienstleistungsgeschäft erfolgreich aufzubauen und zu steuern. Eine Lücke, die durch dieses Buch geschlossen wird.

Lassen Sie uns beginnen mit einem typischen Beispiel für das Dienstleistungsgeschäft eines Unternehmens aus dem Maschinen- und Anlagenbau:

Die DeLaval GmbH

DeLaval verfügt über mehr als 125 Jahre Erfahrung in der Milchwirtschaft und unterstützt Landwirte, ihre Betriebe auf deren individuelle Art zu managen. Mit der Strategie „Smart Farming" verfolgt DeLaval den Übergang vom reinen Melkmanagement zum gesamtbetrieblichen Rentabilitätsmanagement. Dazu stellt DeLaval den Melkbetrieben neue Entscheidungshilfen und Automatisierungstechnologien zur Verfügung.

Das Produktportfolio von DeLaval ist vielfältig und umfasst:

* Melksysteme aller Ausführungen: Diese sorgen für ausgezeichnete Melkhygiene, verbessern die Eutergesundheit und senken die Arbeitskosten.
* Technische Ausrüstung für die Milchkühlung in landwirtschaftlichen Betrieben: Eine effektive Kühlung ist für die Erzeugung von Qualitätsmilch von hoher Wichtigkeit.
* Kuhkomfort und Zubehör: Dies umfasst Pflegeutensilien und Zubehör für Kühe sowie für die Stalleinrichtung, bspw. Liegeboxen- und Laufgangbeläge sowie Kuhbürsten.

© Springer Fachmedien Wiesbaden 2014
M. Seiter, *Industrielle Dienstleistungen in sieben Handlungsfeldern*, essentials,
DOI 10.1007/978-3-658-06940-7_1

- Produkte für das Management des Stallklimas: Hierzu gehört u. a. intelligente Steuerungstechnologie für Ventilatoren.
- Systeme und Produkte zur Steigerung der Fütterungseffizienz: Fütterung ist der größte Kostenfaktor der Milchproduktion. Die Optimierung verbessert die Herdengesundheit, die Reproduktion sowie die Umweltbelastung.
- Entmistungssysteme: Hierzu gehören Rinnenreiniger, Pressen, Pumpen und Schieber. Sie dienen der effektiven Handhabung von Fest- und Flüssigmist.

Das Dienstleistungsportfolio von DeLaval untergliedert sich in drei Bereiche:

- Preventive Maintenance,
- Emergency Service und
- Advisory Service.

Die Preventive Maintenance, die vorbeugende Wartung der Melkanlage, beugt unnötigen Notfällen vor und trägt so in erheblichem Maße zum positiven Betriebsergebnis bei. Verschleißteile werden rechtzeitig erkannt und ausgetauscht, bevor diese den Melkprozess negativ beeinflussen können. Dadurch wird ein euterschonendes und effektives Melken gewährleistet.

Weltweit mehr als 3.000 Service-Techniker setzen für die Wartung von De-Laval-Anlagen speziell vorgeschriebene Spezialausrüstung ein. Das individuelle Wartungsprogramm hängt von der Größe der Herde, der Anzahl der Melkplätze, der Melkzeit sowie der Reinigungszeit ab. Die regelmäßige Prüfung und Wartung gewährleistet eine maximale Systemleistung, verlängert die Lebensdauer des Systems und minimiert die Ausfallzeit der Anlagentechnik.

Im Gegensatz zur vorbeugenden Wartung wird der Emergency Service eingesetzt, um nicht voraussehbare Notfälle zu beheben. Mit dem weltweiten Vertriebsnetz können die Kunden von DeLaval 24 h am Tag, 7 Tage die Woche und 365 Tage im Jahr unterstützt werden.

Abgerundet wird das Dienstleistungsportfolio durch den Advisory Service. Dieser umfasst

- die Beratung vor dem Kauf einer Anlage hinsichtlich Auslegung und Hygiene etc.,
- Schulung der Mitarbeiter bei der Systeminbetriebnahme,
- Planung von Nachfolgebesuchen für die Bewertung des Systems und
- eine weitergehende Beratung für das effiziente Management des Betriebs.

Das Beispiel vermittelt uns eine Vorstellung, was industrielle Dienstleistungen sind. Um allerdings Handlungsempfehlungen im Umgang mit den unterschiedlichen Arten industrieller Dienstleistungen zu erarbeiten, benötigen wir ein grundlegenderes Verständnis, was industrielle Dienstleistungen sind.

Die erste Gemeinsamkeit aller industriellen Dienstleistungen ist, dass sie im **Zusammenhang mit einem Produkt** stehen. Dieser Zusammenhang ist vielfältig.

Betrachten wir als Beispiel die Dienstleistung „Finanzierung". Der Zusammenhang besteht darin, dass ohne die Dienstleistung der Erwerb des Produkts in der Regel nicht zustande käme.

Ebenfalls eine Verbindung zum Produkt besteht im Falle von Entwicklungsdienstleistungen. Die Verbindung besteht bspw. in der konstruktiven Anpassung einer Standardmaschine an die Wünsche des jeweiligen Kunden. Im Fall der Dienstleistung „Wartung" würde das Produkt, bspw. eine Drehmaschine, nicht die Leistung erbringen, die möglich ist. Dies reicht bis zum Extremfall eines Ausfalls der Drehmaschine. Der Zusammenhang Produkt und Dienstleistung tritt somit wieder deutlich zu Tage.

Als zweite Gemeinsamkeit aller industriellen Dienstleistungen können wir festhalten, dass das Produkt, auf das sich die Dienstleistung bezieht, ein Investitionsgut ist. Die Art des Kunden, ob Unternehmen oder Privatperson, ist nicht relevant für die Abgrenzung der industriellen Dienstleistung.

Im einführenden Beispiele wir die Dienstleistung wird von dem Unternehmen erbracht, welches das zugehörige Produkt selbst herstellt. Es liegt nahe zu vermuten, dies sei ein weiteres spezifisches Merkmal von industriellen Dienstleistungen. Aber ist das tatsächlich der Fall?

Betrachten wir dazu das Beispiel „Ersatzteilversorgung": In vielen Branchen gilt diese Dienstleistung als besonders rentabel. Allerdings verfolgen viele produzierende Unternehmen diese Umsatz- und Gewinnchancen nicht konsequent genug. Im Ergebnis schöpfen die Produkthersteller nur einen kleinen Teil des Ersatzteilpotenzials selbst ab. Nicht alle dieser Konkurrenten sind Hersteller des betreffenden Produkts. Folglich ist es nicht notwendig, dass industrielle Dienstleistungen von dem Unternehmen erbracht werden, welches auch das zugehörige Produkt herstellt.

Zusammenfassend halten wir fest

Industrielle Dienstleistungen sind Dienstleistungen, die in engem Zusammenhang mit einem Investitionsgut stehen und von einem Unternehmen erbracht werden. Sie ermöglichen oder verbessern die Nutzung des Produkts.

Mit diesem Buch beantworten wir die grundlegende Frage: Was ist notwendig, um das industrielle Dienstleistungsgeschäft erfolgreich aufzubauen und zu steuern? Als Antwort auf diese Frage betrachten wir **sieben Handlungsfelder**. Die Unterteilung in sieben Handlungsfelder ist Ergebnis zahlreicher Forschungs- und Beratungsprojekte, die ich in den letzten Jahren zu diesem Thema begleitet habe.

Das erste Handlungsfeld ist die **strategische Ausrichtung des Dienstleistungsgeschäfts**. Konkret ist dies die Frage nach dem Ziel, das wir mit dem Angebot an industriellen Dienstleistungen erreichen wollen. Stehen Umsatz- bzw. Gewinnbeitrag im Vordergrund, die Differenzierung von Wettbewerbern oder andere Ziele? Die Entscheidung über das **Dienstleistungsportfolio** ist das zweite Handlungsfeld. Welche Dienstleistungen bieten wir welchen Kunden an? Den Rahmen für diese zentrale Entscheidung bildet die strategische Ausrichtung. Im dritten Handlungsfeld gestalten wir die **Prozesse** des Dienstleistungsgeschäfts und die notwendigen **Kapazitäten**, um die Prozesse durchführen zu können. Im Fokus steht die konkrete Leistungsbereitschaft. Welche Prozesse sind notwendig? Wie viele Mitarbeiter werden benötigt und wie viel Material und Ausrüstung, um die Nachfrage nach Dienstleistungen zu befriedigen? Das Spannungsfeld von Leerkosten bzw. Bestandskosten auf der einen Seite und Leistungsbereitschaft auf der anderen Seite ist der Kern dieser Frage. Im vierten Handlungsfeld klären wir die Frage, welche Dienstleistungen wir selbst durchführen und welche wir in **Kooperation mit Partnerunternehmen** erbringen. Im Kern ist dies eine Make-or-Buy-Entscheidung für jeden Prozess und jede Kapazität des Dienstleistungsgeschäfts. Alle Aktivitäten, die wir selbst durchführen, ordnen wir im Rahmen des fünften Handlungsfelds in unsere **Organisation** ein. Dies umfasst die Funktionen Dienstleistungsentwicklung, Dienstleistungsvertrieb und Dienstleistungserbringung. Wollen wir das Dienstleistungsgeschäft erfolgreich steuern, ist es erforderlich, dass wir die Leistung des Dienstleistungsgeschäfts messen und an die jeweils Verantwortlichen berichten. Leistungs- und Kostenindikatoren stehen hierbei im Mittelpunkt. In der Praxis hat sich hierfür der Begriff **Performance Measurement** etabliert. Abschließend widmen wir uns im Handlungsfeld sieben einem weiteren wesentlichen Steuerungsinstrument: **Anreize**, die das Verhalten der beteiligten Personen beeinflussen.

Handlungsfeld

2

Strategische Ausrichtung – Welche Ziele verfolgen wir mit dem Dienstleistungsgeschäft?

Die zentrale Frage in diesem Handlungsfeld ist, welches Ziel wir mit dem Angebot von industriellen Dienstleistungen erreichen wollen. So nachvollziehbar diese Frage ist, so ungeklärt bleibt sie oftmals in der Praxis. Eine diffuse oder fehlende Antwort auf diese Frage ist allerdings kein tragbarer Zustand. Der Grund dafür ist, dass ohne eine strategische Ausrichtung die **Leitlinie für alle nachfolgenden Entscheidungen** fehlt.

Wir eröffnen dieses Kapitel mit der Erläuterung wesentlicher Begriffe: Der Begriff **Strategie** ist einer der schillerndsten Begriffe der betriebswirtschaftlichen Forschung und Praxis. Unzählige Definitionen umschreiben den Begriff von verschiedenen Perspektiven. Wenn wir die strategische Ausrichtung für das Dienstleistungsgeschäft vornehmen wollen, benötigen wir aber einen klaren Strategiebegriff. Diesem nähern wir uns im Folgenden an.

▶ Eine Strategie soll nach unserer Auffassung zwei Elemente enthalten:
  • die **Oberziele** einer Organisation und
  • die **Pläne**, um diese Oberziele zu erreichen.
  Die Oberziele bezeichnen wir im Folgenden als strategische Ziele und die Pläne zur Erreichung der strategischen Ziele als strategische Pläne.

Aus dem Produktgeschäft ist bekannt, dass eine Organisation ab einer gewissen Größenklasse nicht mehr nur eine Strategie verfolgt, sondern vielmehr verschiedene Strategien für verschiedene Produktbereiche oder Märkte. Ein Maschinenbauer kann bspw. mit seinem Neuproduktgeschäft eine Hochqualitäts-Strategie verfolgen, während er daneben ein Geschäftsfeld mit Gebrauchtmaschinen betreibt, welches eine Kostenführer-Strategie verfolgt. Diese Differenzierung hat zur

© Springer Fachmedien Wiesbaden 2014
M. Seiter, *Industrielle Dienstleistungen in sieben Handlungsfeldern*, essentials,
DOI 10.1007/978-3-658-06940-7_2

Pre-Sales-Dienstleistungen	After-Sales-Dienstleistungen	Independent-Dienstleistungen
Industrielle Dienstleistungen, die vor Verkauf des Produkts erbracht werden.	Industrielle Dienstleistungen, die nach Verkauf des Produkts erbracht werden.	Industrielle Dienstleistungen, die nicht an eigenen Produkten erbracht werden.

Abb. 2.1 Differenzierung des Dienstleistungsgeschäfts

Einführung des Begriffs **Strategische Geschäftseinheit** oder Strategic Business Unit geführt. Sie ist definiert als Teil eines Unternehmens, das eine eigenständige Strategie verfolgt.

Für das Dienstleistungsgeschäft müssen wir eine ebensolche **Differenzierung** vornehmen, um sinnvolle Strategien ableiten zu können. Aber: Welche Differenzierung ist zweckmäßig? Zum Zeitpunkt der strategischen Ausrichtung des Dienstleistungsgeschäfts ist das Dienstleistungsportfolio in der Regel noch nicht definiert oder es besteht ein Änderungsbedarf am bestehenden Portfolio.

Ein sinnvolles Kriterium, um das Dienstleistungsgeschäft hinreichend zu differenzieren, ist der Zeitpunkt der Dienstleistungserbringung. Danach lassen sich industrielle Dienstleistungen in solche vor und in solche nach Verkauf des jeweiligen Produkts unterscheiden. Wir wollen im Folgenden daher von **Pre-Sales-Dienstleistungen und After-Sales-Dienstleistungen** sprechen. Hier zeigen sich auch nochmals die zwei verschiedenen Arten von Beziehungen zwischen Produkten und Dienstleistungen: Pre-Sales-Dienstleistungen ermöglichen den Einsatz der Produkte, während After-Sales-Dienstleistungen den Nutzen des Produkts erhalten und verbessern.

Industrielle Dienstleistungen werden aber nicht immer von dem Unternehmen erbracht, das das korrespondierende Produkt herstellt. Daher fügen wir der oben hergeleiteten Differenzierung eine dritte Gruppe zu: die **Independent-Dienstleistungen**. Diese Gruppe umfasst all jene Dienstleistungen, die ein Unternehmen im Zusammenhang mit Produkten anderer Unternehmen erbringt. Abbildung 2.1 zeigt diese Unterscheidung nochmals in der Übersicht.

Die Entscheidung für eine bestimmte Dienstleistungsstrategie kann auf vielerlei Wegen vollzogen werden. Eine Möglichkeit besteht darin, dass die Strategie eines erfolgreichen Wettbewerbers nachgeahmt wird. Eine weitere Möglichkeit ist ein visionärer Einfall des Unternehmers.

Beide Wege sind gangbar und werden in der Praxis oftmals beschritten. Was aber, wenn kein Vorbild im Markt ist, dessen Strategie nachgeahmt werden könnte? Was, wenn der Unternehmer keine Anhaltspunkte hat, um sich zwischen verschiedenen Strategiealternativen zu entscheiden? Eine Lösung hierfür bietet ein Instrument, mit dessen Hilfe sich der entsprechende Entscheidungsakteur im Unternehmen eine ausreichende Datengrundlage schaffen kann. Dieses Instrument bezeichnen wir als **Leistungsfähigkeits-Markt-Analyse**. Die Bezeichnung deutet die **fünf Analysefelder** an:

- die Leistungsfähigkeit der Funktion Dienstleistungsentwicklung,
- die Leistungsfähigkeit der Funktion Dienstleistungserbringung,
- die Leistungsfähigkeit der Funktion Dienstleistungsvertrieb,
- den Markt, auf dem die Produkte des Unternehmens angeboten werden und
- den Markt, auf dem die Dienstleistungen angeboten werden bzw. werden sollen.

Anders ausgedrückt: Die LM-Analyse unterscheidet einerseits die drei Funktionen, die zusammen das Dienstleistungsgeschäft bilden, und andererseits die beiden Absatzmärkte, auf denen das Unternehmen tätig ist.

Die Strategieforschung hat eine Vielzahl an Typologien grundsätzlicher Strategiealternativen hervorgebracht. Eine einfache Übertragung auf das Dienstleistungsgeschäft ist nicht aussagekräftig genug. Daher erarbeiten wir im Folgenden anstelle dessen eine **Typologie** von spezifischen **Strategien für das Dienstleistungsgeschäft**. Die Strategiealternativen stellen **Idealtypen** dar. In der Praxis ist es daher möglich, dass zwei Strategien kombiniert werden. Dann ist allerdings zu klären, welche der beiden Priorität hat. Ansonsten kommt es in wesentlichen Fragen, wie bspw. der Kapazitätsplanung, zu Zielkonflikten zwischen den kombinierten Strategiealternativen. Im Folgenden betrachten wir die Basisstrategien näher:

Basisstrategie 1: Gesetzliche Verpflichtung Mit dem Begriff „Gesetzliche Verpflichtung" bezeichnen wir die Strategie, die als oberstes Ziel verfolgt, die gesetzlich vorgeschriebenen Dienstleistungen **kostenminimal** zu erbringen. Hierzu gehören u. a. Dienstleistungen im Rahmen von Gewährleistungspflichten und in einigen Branchen bestimmte Entsorgungsdienstleistungen. Wir wollen hier die Frage stellen, welche Ergebnisse der LM-Analyse eine hohe Passung zu dieser Basisstrategie aufweisen. Im Einzelnen sind diese Ergebnisse:

- **Analysefeld Produktmarkt:**
  - Stabile Marge im Produktgeschäft: Im Produktgeschäft muss eine stabile und ausreichend hohe Marge erzielt werden, so dass auf das Dienstleistungsgeschäft weitgehend verzichtet werden kann. Hierzu ist eine gute oder gar dominante Wettbewerbsstellung notwendig.

– Kundenbegeisterung durch Produktgeschäft: Die dauerhafte Sicherung der guten Wettbewerbssituation muss bei Minimierung des Dienstleistungsgeschäfts durch Produktmerkmale erzeugt werden. Eine sehr gute Kenntnis der Kundenwünsche und hohe Innovationskraft sind für diese Basisstrategie daher unerlässlich.

• **Analysefeld Dienstleistungsmarkt:**
Unternehmen können diese Dienstleistungsstrategie nur dann dauerhaft verfolgen, wenn die Nachfrage der Kunden nach Dienstleistungen gering oder nicht vorhanden ist. Dieser Fall liegt vor, wenn Kunden die entsprechenden Leistungen selbst erbringen. Ein Beispiel hierfür ist, dass Wartungsdienstleistungen nicht nachgefragt werden, da die Befürchtungen einer Industriespionage zu hoch sind.

Beispiel

Die Kehrgeräte AG ist ein Hersteller von Reinigungsmaschinen für Böden von Fabrikhallen. Was würde passieren, wenn sie die Basisstrategie „Gesetzliche Verpflichtung" verfolgte? Konsequenterweise umfasste ihr Dienstleistungsportfolio nur solche Dienstleistungen, die gesetzlich vorgeschrieben sind. Dazu gehört bspw. der Ersatzteilservice im Rahmen der Gewährleistungspflichten.

Basisstrategie 2: Kundenorientierung Mit dem Begriff „Kundenorientierung" bezeichnen wir die Strategie, mit der wir als oberstes Ziel verfolgen, eine Dienstleistung erst ab dem Zeitpunkt anzubieten, zu dem entweder Kunden diese Dienstleistung **aktiv nachfragen** oder die entsprechende Dienstleistung ein **Standard** in der betreffenden Branche geworden ist. In der Maschinenbaubranche ist ein solcher Marktstandard die Inbetriebnahme der betreffenden Maschine. Ohne das Angebot dieser Dienstleistung würde das Produktgeschäft beeinträchtigt.
Im Kern geht es in dieser Strategie darum, das **Dienstleistungsportfolio so zu begrenzen**, dass das Produktgeschäft nicht gefährdet wird. Die Analyse, welche Dienstleistungen hierzu angeboten werden müssen, ist allerdings nicht trivial. Welche Ergebnisse der LM-Analyse ergeben ein Muster, das in Passung mit dieser Basisstrategie ist? Die Antwort hierfür orientiert sich an den diagnostizierten Schwachpunkten eines Unternehmens.

• **Analysefeld Dienstleistungsentwicklung:**
Insbesondere Unternehmen, die als Schwäche ihre Dienstleistungsentwicklung identifiziert haben, weisen eine Passung zu dieser Strategie auf. Sie sind nicht in der Lage, eine Vorreiterrolle bei der Entwicklung innovativer Dienstleistungen

einzunehmen, sondern darauf angewiesen, marktgängige Dienstleistungen zu übernehmen.

- **Analysefeld Dienstleistungsvertrieb:**
  Die Strategie „Kundenorientierung" wird oftmals in jenen Unternehmen verfolgt, die nur eine geringe Kompetenz im Dienstleistungsvertrieb aufweisen. Sie profitieren von der reaktiven Vorgehensweise, da die angebotenen Dienstleistungen nicht erklärungsbedürftig sind und daher keine hohen Anforderungen an den Vertrieb stellen.

> **Beispiel**
>
> Die Kehrgeräte AG ist ein Hersteller von Reinigungsmaschinen für Böden von Fabrikhallen. Was würde passieren, wenn sie die Basisstrategie „Kundenorientierung" verfolgte? Das Dienstleistungsportfolio enthielte neben gesetzlich vorgeschriebenen Dienstleistungen weitere Dienstleistungen, die von Kunden aktiv nachgefragt wurden. Konkret ist dies eine Inbetriebnahme der Reinigungsmaschine beim Kunden durch Personal der Kehrgeräte AG.

Basisstrategie 3: Verstetigung Mit dem Begriff „Verstetigung" bezeichnen wir die Strategie, die als oberstes Ziel verfolgt, den **Gesamtumsatz des Unternehmens** mit Hilfe des Dienstleistungsgeschäfts zu **verstetigen**. Hierzu muss das Unternehmen das Dienstleistungsangebot so gestalten, dass die damit generierten Umsätze einen kompensierenden Effekt für die Phasen eines schwachen Umsatzes im Produktgeschäft aufweisen. Dazu gehören Rezessionen und Phasen, in denen ein Generationswechsel im Produktgeschäft vollzogen wird.

Ein Beispiel für einen solch antizyklischen Zusammenhang bilden Produktionsmaschinen und zugehörige Retrofit-Dienstleistungen. Unter „Retrofit" verstehen wir die Modernisierung auf einen aktuellen Stand der Technik bspw. durch Ersetzen der Steuerungstechnik. In der Phase wirtschaftlichen Abschwungs sinkt in der Regel der Absatz von Neumaschinen, aber der Umsatz der Dienstleistung „Retrofit" steigt. Folgende Ergebnisse der LM-Analyse weisen eine hohe Passung zu dieser Strategie auf:

- **Analysefeld Produktmarkt:**
  Oftmals verfolgen Unternehmen diese Strategie, wenn das Produktgeschäft eine hohe Schwankungsanfälligkeit aufweist. Gründe können eine generelle Saisonalität sein, aber auch konjunkturelle Schwankungen. Der Vorteil der Saisonalität ist, dass diese zumindest nach einer gewissen Lernperiode ausreichend gut prognostiziert werden kann

- **Analysefeld Dienstleistungserbringung:**
  Für die Wahl dieser Strategie ist es erforderlich, dass die vorgehaltene Kapazität des Dienstleistungsgeschäfts groß und schnell genug an den Bedarf angepasst werden kann. Nur dann kann das Dienstleistungsgeschäft die kompensatorische Wirkung entfalten.

- **Analysefeld Dienstleistungsmarkt:**
  Weiterhin ist es notwendig, dass das Unternehmen hinsichtlich der betreffenden Dienstleistungen eine hinreichend gute Wettbewerbsposition inne hat, damit die Kunden die Dienstleistungen nicht bei Konkurrenten beziehen.

Beispiel

Die Kehrgeräte AG ist ein Hersteller von Reinigungsmaschinen für Böden von Fabrikhallen. Was würde passieren, wenn sie die Basisstrategie „Verstetigung" verfolgte? Das Dienstleistungsportfolio umfasste dann solche Dienstleistungen, die einen kompensierenden Effekt gegenüber Schwankungen des Produktgeschäfts aufweisen. Konkret gehört dazu die Dienstleistung „Retrofit". Mit dieser werden die Reinigungsmaschinen an einen neuen technischen Stand angepasst – eine Reinvestition in neue Maschinen ist somit später notwendig.

Basisstrategie 4: Quersubventionierung Mit dem Begriff „Quersubventionierung" bezeichnen wir die Strategie, die als oberstes Ziel verfolgt, ein bewusst defizitär gestaltetes Produktgeschäft durch ein **profitables Dienstleistungsgeschäft zu kompensieren.** Wie bei der Basisstrategie „Verstetigung" nutzen Unternehmen den kompensierenden Effekt des Dienstleistungsgeschäfts. Allerdings ist die Art der Kompensation eine andere: nicht die Saisonalität wird ausgeglichen, sondern ein prinzipielles Defizit im Produktgeschäft.

Das Defizit baut sich oftmals über einen längeren Zeitraum auf. In der Regel ist der dahinterliegende Treiber dieser Situation ein stetig steigender, oft internationaler Wettbewerbsdruck. Betriebswirtschaftlichen Grundsätzen folgend, müsste das Produktgeschäft in einer solchen Situation eingestellt oder grundsätzlich neu ausgerichtet werden. Diese Option ist aber in vielen Unternehmen mit dem Wegfall des traditionellen Stammgeschäfts verbunden. Folgende Ergebnisse der LM-Analyse weisen eine hohe Passung zu dieser Strategie auf:

- **Analysefeld Produktmarkt:**
  Ausgangspunkt für diese Strategie ist eine erkannte Schwäche: Eine Differenzierung ist nicht mehr über die Produkte bzw. neuartige Produkteigenschaften möglich, da die Konkurrenz denselben Qualitätsstandard und zudem eine ähnliche Innovationsrate erreicht hat. Einhergehend mit hohen Arbeitskosten stellt sich in Folge dessen ein Defizit im Produktgeschäft ein.

- **Analysefeld Dienstleistungsvertrieb:**
Damit die Strategie „Quersubventionierung" erfolgreich umgesetzt werden kann, ist es notwendig, dass der bestehende Vertrieb qualifiziert ist, die entsprechenden After-Sales-Dienstleistungen zu verkaufen. Ein nur auf Produktverkauf spezialisierter Vertrieb ist hierzu nicht im Stande.
- **Analysefeld Dienstleistungsmarkt:**
Weiterhin ist es notwendig, dass die Wettbewerbsstellung im Dienstleistungsmarkt gefestigt ist. Ansonsten besteht eine hohe Gefahr, dass andere Unternehmen die Dienstleistung erbringen. In vielen Branchen ist diese Gefahr mittlerweile sehr hoch, da eine große Anzahl von Independent-Dienstleistungs-Anbietern existiert. Ein eindeutiger Wettbewerbsvorteil, wie bspw. ein exklusiver Vertriebskanal, ist folglich notwendig.

Beispiel

Die Kehrgeräte AG ist ein Hersteller von Reinigungsmaschinen für Böden von Fabrikhallen. Der Großteil der Reinigungsmaschinen wird verlustbringend verkauft. Was würde passieren, wenn sie daher die Basisstrategie „Quersubventionierung" verfolgte? Das Dienstleistungsportfolio umfasste dann solche Dienstleistungen, die dieses Defizit ausgleichen. Hierzu gehört bspw. die Dienstleistung „vorbeugende Wartung".

Basisstrategie 5: Cross-Selling Mit dem Begriff „Cross-Selling" bezeichnen wir die Strategie, die als oberstes Ziel verfolgt, durch das Dienstleistungsgeschäft **Neuproduktgeschäft** zu **induzieren.** Zwei Effekte stehen dazu im Fokus:

- Von der Dienstleistung zum Neuproduktgeschäft und
- Informationsgewinnung durch Dienstleistungen für verbesserte Neuprodukte.

Der **erste Effekt** folgt dem Grundsatz „Der Vertrieb verkauft die erste Maschine, der Service jede weitere". Unternehmen betrachten Dienstleistungen in diesem Falle vorrangig als Vehikel des Neuproduktvertriebs. Der **zweite Effekt** basiert auf einem grundlegenden Vorteil von Dienstleistungen gegenüber dem Produktgeschäft: die höhere Kontaktzeit und -intensität. Während der Erbringung von Dienstleistungen gewinnen die Mitarbeiter, wie bspw. Service-Techniker, tiefe Einblicke in die Nutzung der Produkte. Dies umfasst typische Fehler im Umgang aber auch Wünsche des Kunden für neue oder verbesserte Produkteigenschaften. Diese Informationen bilden einen idealen Ausgangspunkt für die Weiterentwicklung der Produkte. Folgende Ergebnisse der LM-Analyse weisen eine hohe Passung zu dieser Strategie auf:

- **Analysefeld Dienstleistungserbringung:**
Die Mitarbeiter der Service-Erbringung müssen fähig sein, die Informationen, die sie beim Kunden erlangen, in sinnvoller Art und Weise zu verstehen und an die Entwicklungsabteilung und die Produktionsverantwortlichen weiterzuleiten.
- **Analysefeld Dienstleistungsmarkt:**
Die bisher adressierten Kunden sind lediglich offen für Standarddienstleistungen für die sich bereits ein standardisierter Marktpreis gebildet hat. In einer solchen Situation können Unternehmen in der Regel mit dem Dienstleistungsgeschäft keine befriedigend hohe Margen erzielen, so dass sich die Strategie „Cross-Selling" anbietet.
- **Analysefeld Dienstleistungsvertrieb:**
Eine weitere Stärke, die eine hohe Passung mit dieser Strategie aufweist, sind gute Vertriebsfähigkeiten der Dienstleistungserbringer.

Beispiel

Die Kehrgeräte AG ist ein Hersteller von Reinigungsmaschinen für Böden von Fabrikhallen. Was würde passieren, wenn sie die Basisstrategie „Cross-Selling" verfolgte? Das Dienstleistungsportfolio umfasste dann solche Dienstleistungen, die es erlauben, möglichst viele Informationen über Chancen für Neuproduktgeschäft zu sammeln. Hierzu gehört bspw. die Dienstleistung „Instandhaltung".

Basisstrategie 6: Differenzierung Mit dem Begriff „Differenzierung" bezeichnen wir die Strategie, die als oberstes Ziel verfolgt, durch das Dienstleistungsgeschäft eine **Differenzierung vom Wettbewerb** zu erlangen und dadurch einen Wettbewerbsvorteil zu schaffen.

In vielen Branchen gilt, dass das Produktgeschäft mittlerweile kein differenzierender Faktor mehr ist. Einen Ausweg böte die fortwährende Produktinnovation. Problematisch sind allerdings solche Situationen, in denen die Wettbewerber Innovationsschritte schnell nivellieren bzw. Innovationen nur noch unter prohibitiv hohen Kosten möglich sind. Das Dienstleistungsgeschäft bietet eine Option, dass sich Unternehmen auch in solchen Situationen vom Wettbewerb differenzieren.

Zentrale Frage für die Umsetzung dieser Strategie ist: Mit welchen Dienstleistungen können Unternehmen einen solchen Effekt realisieren? Mit Standarddienstleistungen, bspw. ein Standard-Ersatzteilservice in der Maschinenbaubranche, ist eine Differenzierung nicht zu erreichen. Vielmehr müssen solche Dienstleistungen im Fokus stehen, die nur wenige Wettbewerber anbieten und die gleichzeitig einen hohen Kundennutzen stiften.

Welche Ergebnisse der LM-Analyse weisen eine hohe Passung zu der Basisstrategie „Differenzierung" auf? Wichtig sind hier die Analysefelder Produktmarkt, Dienstleistungsentwicklung und Dienstleistungserbringung:

- **Analysefeld Produktmarkt:**
  Die Strategie „Differenzierung" ist vorranging dann von Nutzen, wenn eine Differenzierung auf dem Produktmarkt nicht mehr möglich ist. Welche Gründe vorliegen, weswegen die Differenzierung nicht gelingt, spielt dabei nur eine untergeordnete Rolle.
- **Analysefeld Dienstleistungsentwicklung:**
  Eine zentrale Rolle für diese Strategie kommt der Dienstleistungsentwicklung zu. Diesem Unternehmensbereich obliegt es, dass Dienstleistungsportfolio so weiterzuentwickeln, dass tatsächlich differenzierend wirkende Dienstleistungen verfügbar sind. Ein hoher Wissenstand über die Bedürfnisse der Kunden ist dazu der Schlüssel.
- **Analysefeld Dienstleistungsvertrieb:**
  Woher stammt das Wissen über die Bedürfnisse der Kunden? In der Regel vom Dienstleistungsvertrieb, da Kunden diesem ihre Wünsche darlegen. Es ist daher notwendig, dass der Vertrieb in der Wahrnehmung dieser Wünsche geschult wird und ein Informationskanal geschaffen wird, wie diese Informationen zu den Mitarbeitern der Dienstleistungsentwicklung gelangen.

Beispiel

Die Kehrgeräte AG ist ein Hersteller von Reinigungsmaschinen für Böden von Fabrikhallen. Was würde passieren, wenn sie die Basisstrategie „Differenzierung" verfolgte? Das Dienstleistungsportfolio umfasste dann solche Dienstleistungen, die dazu dienen, sich von den Konkurrenten zu differenzieren. Eine solche Dienstleistung wäre ein „Rund-um-sorglos-Paket" aus Wartung, Reinigung und Ersatzmaschinenstellung. Diese Dienstleistung bietet in dieser Kombination kein anderer Wettbewerber an.

Basisstrategie 7: Eigenständiges Geschäftsfeld Mit dem Begriff „Eigenständiges Geschäftsfeld" bezeichnen wir die Strategie, die als oberstes Ziel verfolgt, ein Dienstleistungsgeschäft aufzubauen, das **nicht in Verbindung mit den eigenen Produkten** steht. Im Fokus stehen folglich ausschließlich die Independent-Dienstleistungen.

Der Aufbau eines solchen Dienstleistungsgeschäfts folgt einer grundsätzlich anderen Logik als in den bisher diskutierten Fällen. Was aber sind diese Unterschiede? Zuerst fehlt das eigene Produkt als Ausgangspunkt aller Überlegungen

für die Gestaltung eines Dienstleistungsportfolios. Ohne diese Kenntnisse ist eine
Ableitung geeigneter Dienstleistungen allerdings erschwert. Ausgangspunkt ist
vielmehr die, auf welchem Wege auch immer erlangte, Kenntnis, dass eine Dienstleistung von Kunden nachgefragt wird und man selbst in der Lage ist, diese profitabel anzubieten. Folgende Ergebnisse der LM-Analyse weisen eine hohe Passung
zu dieser Strategie auf:

• **Analysefeld Dienstleistungsmarkt:**
  Ausgangspunkt für diese Strategie ist die Feststellung, dass Dienstleistungen
  von Wettbewerbern profitabel angeboten werden. Dies allein ist allerdings nicht
  ausreichend. Weiterhin müssen Hinweise vorliegen, dass diese Wettbewerber
  Schwachpunkte aufweisen, die es ermöglichen, in den Markt einzutreten. Dies
  ist bspw. der Fall, wenn die Kundenbindung sehr gering ausgeprägt ist oder
  die Nachfrage der Kunden nicht vollständig bedient wird, bspw. aufgrund von
  Kapazitätsengpässen bisheriger Anbieter.

• **Analysefeld Dienstleistungserbringung:**
  Die Mitarbeiter, welche die Dienstleistung erbringen, können nicht alle Produk-
  tänderungen antizipieren, da das Unternehmen die Produkte nicht selbst herstellt. Dies kann zu Situationen führen, die eine flexible Anpassung der Dienstleistungserbringung notwendig macht. Notwendig ist daher ein entsprechend
  hohes Qualifikationsniveau der Service-Techniker.

• **Analysefeld Dienstleistungsvertrieb:**
  Der Vertrieb von Independent-Dienstleistungen erfolgt nach einem anderen Ansatz, als der Vertrieb von Pre-Sales-Dienstleistungen und After-Sales-Dienstleistungen. Der Produktverkauf scheidet als natürlicher Kontaktpunkt aus.

Beispiel

Die Kehrgeräte AG ist ein Hersteller von Reinigungsmaschinen für Böden von
Fabrikhallen. Was würde passieren, wenn sie die Basisstrategie „Eigenständiges
Geschäftsfeld" verfolgte. Das Dienstleistungsportfolio umfasste dann solche
Dienstleistungen, die nicht im Bezug zu den selbst hergestellten Reinigungs-
maschinen stehen. Welche Dienstleistungen dies sind, hängt von einer Vielzahl
von Faktoren ab, wie bspw. der Kompetenz der Dienstleistungserbringung.

Handlungsfeld

3

Dienstleistungsportfolio – Welche Dienstleistungen bieten wir an und welche nicht?

Die zentrale Frage in diesem Handlungsfeld ist, **welche Dienstleistungen** wir **anbieten** wollen und welche wir bewusst nicht anbieten wollen. In der Praxis wird diese Frage oftmals nicht aktiv, sondern reaktiv beantwortet. Unternehmen bieten Dienstleistungen ungeachtet ihrer Passung zum bisherigen Dienstleistungsportfolio und ungeachtet ihres Ertragspotenzials an, weil Konkurrenten dies auch tun, weil eine Dienstleistung im Moment modern erscheint oder weil ein wichtiger Kunde eine bestimmte Dienstleistung nachfragt – auch wenn er dies als Einziger und nur wenige Male oder gar nur einmal tut. Diese Beispiele zeigen, wie wichtig der Teil der obigen Frage ist, welche Dienstleistungen Sie bewusst nicht anbieten sollten.

In der Regel existiert in jedem Unternehmen bereits ein Dienstleistungsportfolio, das mehrere industrielle Dienstleistungen umfasst. Dieses spiegelt allerdings oftmals nicht die gewählte Dienstleistungsstrategie wieder, sondern ist „historisch gewachsen". Welche Gestaltungsmöglichkeiten haben wir, wenn wir das Portfolio strategiekonform ausrichten möchten?

Wir unterscheiden **drei Gestaltungsmöglichkeiten:**

* Hinzunahme von Dienstleistungen, die wir bisher nicht angeboten haben,
* Entfernen von Dienstleistungen, die wir bisher angeboten haben und
* Veränderung der Dienstleistungen, die wir bereits angeboten haben.

Zwei **Suchraster** sollen uns helfen, systematisch industrielle Dienstleistungen zu identifizieren, die wir noch nicht anbieten. Abbildung 3.1 zeigt zusammenfassend das Suchraster, das wir erarbeitet haben, um Pre-Sales-Dienstleistungen zu identifizieren.

© Springer Fachmedien Wiesbaden 2014
M. Seiter, *Industrielle Dienstleistungen in sieben Handlungsfeldern*, essentials,
DOI 10.1007/978-3-658-06940-7_3

Begründen des Nutzungsrechts	Herstellen der Nutzungsmöglichkeit	Herstellen der Nutzungsfähigkeit
Einräumen des Nutzungsrechts • mit Eigentumsübertrag, • ohne Eigentums-übertrag und • in Kombination mit weiteren Dienst-leistungen.	• Einsatzberatung und Produktanpassung • Transport des Produkts • Integration des Produkts • Inbetriebnahme des Produkts	Fähigkeit zur • Veränderung der Produktintegration, • Nutzung des Produkts, • Aufrechterhaltung der Nutzungsmöglichkeit.

Abb. 3.1 Suchraster für Pre-Sales-Dienstleistungen

Abbildung 3.2 zeigt zusammenfassend das Suchraster, das wir erarbeitet haben, um After-Sales-Dienstleistungen zu identifizieren.

Mit Hilfe der erörterten Suchraster bestimmt ein Unternehmen die Menge prinzipiell sinnvoller industrieller Dienstleistungen. Daran schließt sich direkt die Frage an: Welche der identifizierten möglichen Dienstleistungen nimmt ein Unternehmen in sein bestehendes Portfolio auf? In der Praxis ist es selten der Fall, dass vor der Analyse keine Dienstleistungen angeboten wurden. Daher schließt sich direkt eine zweite Frage an: Bietet ein Unternehmen noch alle seine bisherigen Dienstleistungen in der bisherigen Form an?

Abb. 3.2 Suchraster für After-Sales-Dienstleistungen

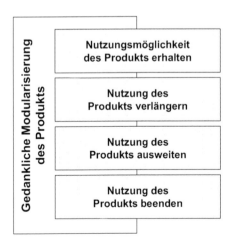

Gedankliche Modularisierung des Produkts

Nutzungsmöglichkeit des Produkts erhalten

Nutzung des Produkts verlängern

Nutzung des Produkts ausweiten

Nutzung des Produkts beenden

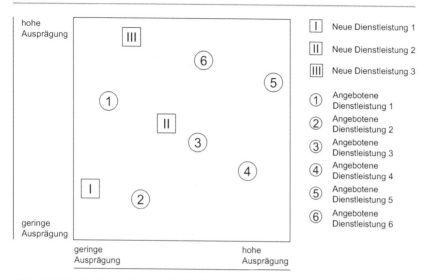

Abb. 3.3 Prinzipieller Aufbau des Analyseinstruments zur Portfolioanalyse

Die Antworten auf beide Fragen sind nicht trivial und die Lösung nimmt ihren Anfang bei der gewählten Dienstleistungsstrategie. Da im Mittelpunkt der Analyse das Dienstleistungsportfolio steht, nennen wir diese Analyse „**Portfolioanalyse**". Wie ist das zugehörige Analyseinstrument aufgebaut?

Alle bereits angebotenen und neu mit dem obigen Suchraster identifizierten Dienstleistungen werden in einem **zweiachsigen rechtwinkligen Koordinatensystem** angeordnet. Abbildung 3.3 zeigt ein solches Koordinatensystem. Die Kreise stellen die bereits angebotenen Dienstleistungen dar und die Quadrate die mit den Suchrastern neu identifizierten Dienstleitungen.

Auf den Achsen tragen wir die **Kriterien**, nach denen wir Dienstleistungen in das Koordinatensystem einordnen. Aber welche sind dies und wie bestimmen wir diese? Diese Frage können wir nur in Abhängigkeit von der gewählten Dienstleistungsstrategie beantworten.

Wie wir in Abschn. 2.3 erörtert haben, existieren sieben grundlegende Dienstleistungsstrategien. Die Strategien können nur dann erfolgreich umgesetzt werden, wenn die angebotenen Dienstleistungen dazu einen Beitrag leisten. Dies prüfen wir mit den Kriterien, die wir auf den Achsen abtragen.

Anhand der Basisstrategie „Kundenorientierung" soll das Grundprinzip erörtert werden. Oberstes Ziel der **Basisstrategie „Kundenorientierung"** ist es, nur solche Dienstleistungen anzubieten die Bestandskunden aktiv nachfragen oder die ein

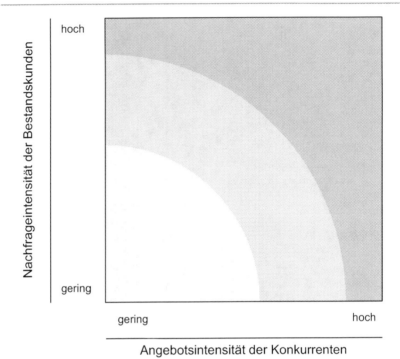

hoch

Nachfrageintensität der Bestandskunden

gering

gering   hoch

Angebotsintensität der Konkurrenten

Abb. 3.4 Bestimmung der Intensität der Nachfrage

Standard in der betreffenden Branche geworden sind. Im Kern geht es in dieser Strategie darum, das Dienstleistungsportfolio auf das Minimum zu begrenzen, das vertretbar ist, um das Produktgeschäft nicht zu gefährden.

Für die Umsetzung der Strategie ist es von hoher Bedeutung, die Komplexität des Dienstleistungsportfolios zu begrenzen und die Rentabilität des Dienstleistungsgeschäfts sicherzustellen. Hohe Komplexität entsteht aus der Tendenz, vorschnell auf Kundenanfragen zu reagieren und neue Dienstleistungen einzuführen. Damit einher geht oftmals ein Sinken der Rentabilität des Dienstleistungsgeschäfts.

Aus diesen Überlegungen leiten wir das erste Kriterium für die Portfolioanalyse ab: die **Intensität der Nachfrage**. Diese setzt sich aus zwei Komponenten zusammen. Einerseits aus der Intensität der Nachfrage der Bestandskunden nach einer speziellen Dienstleistung. Andererseits aus dem Grad, zu dem die entsprechende Dienstleistung bereits von den Konkurrenten angeboten wird. Aus diesen beiden Komponenten konstruieren wir das erste Portfolio. Abbildung 3.4 zeigt das Port-

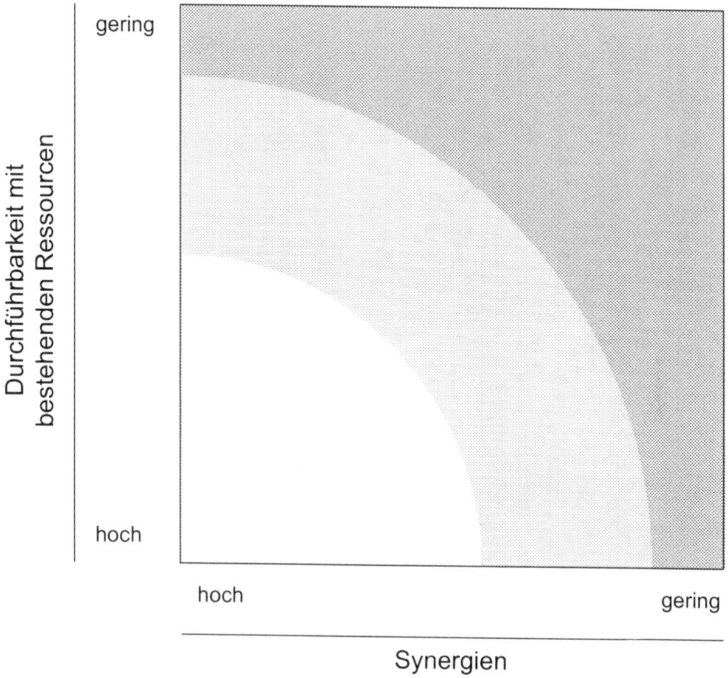

Abb. 3.5 Bestimmung der Komplexität von Dienstleistungen

folio mit entsprechenden Arealen. Je dunkler die Areale, desto höher die Intensität der Nachfrage.

Die Nachfrageintensität der Bestandskunden und der Verbreitungsgrad in der Branche ist nicht allgemein operationalisierbar. Vielmehr müssen wir den jeweiligen Einzelfall betrachten. Sind bspw. alle Konkurrenten bekannt, kann der Prozentsatz der Konkurrenten herangezogen werden, welche die betreffende Dienstleistung anbieten.

Dieses erste Portfolio reicht allerdings nicht für die Entscheidung aus. Ein zweites muss ergänzt werden. Mit diesem bestimmen wir die **Komplexität**, die durch Aufnahme einer neuen Dienstleistung einhergeht. Wieder unterscheiden wir zwei Komponenten. Einerseits, ob die Dienstleistungen mit der vorhanden Kapazität entsprechend qualifizierter Mitarbeiter durchführbar ist. Je weniger dies der Fall ist, desto mehr Mitarbeiter müssen eingestellt oder qualifiziert werden. Andererseits, ob Synergien der neuen Dienstleistungen mit bereits bestehenden Dienstleistungen bestehen. Eine höhere Synergie wirkt komplexitätsmindernd. Abbildung 3.5 zeigt das Portfolio.

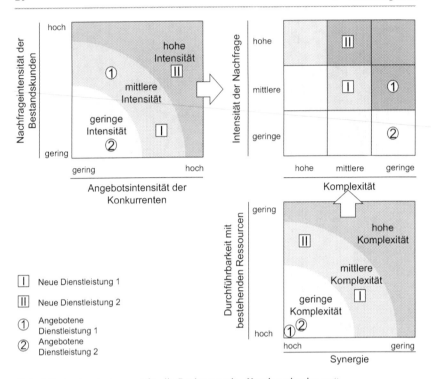

Abb. 3.6 Analyseinstrument für die Basisstrategie „Kundenorientierung"

Wiederum müssen Unternehmen für ihren speziellen Kontext eigene Operationalisierungen für die Achsenbeschriftungen finden. Ein Maß für die Synergie ist bspw. die Anzahl der Arbeitsschritte der neuen Dienstleistung, die mit Werkzeugen bewerkstelligt werden kann, die bereits für andere Dienstleistungen beschafft wurden.

Beide Analyseinstrumente führen wir zu einem zusammen. Dazu tragen wir die Areale der beiden erarbeiten Sub-Portfolios auf die Achsen des zusammengeführten Portfolios ab. Abbildung 3.6 zeigt die **Synthese der Sub-Portfolios**.

Wie interpretieren wir dieses Portfolio? Das betrachtete Unternehmen bietet zum Zeitpunkt der Analyse die beiden Dienstleistungen 1 und 2 an (gekennzeichnet durch einen Kreis mit der jeweiligen Ziffer). Weiterhin hat das Unternehmen zwei zusätzliche Dienstleistungen identifiziert, die es zusätzlich anbieten könnte (gekennzeichnet durch die Quadrate mit den römischen Ziffern I und II).

Am Beispiel von Dienstleistung 1 wollen wir uns klar machen, wie die Einordnung in die Analyseinstrumente vorgenommen wird. Aufgrund einer mittleren Nachfrageintensität der Bestandskunden und einer ebenfalls mittleren Angebotsintensität der Kunden, ist die Intensität der Nachfrage auf mittlerem Niveau. Hinsichtlich der Komplexität können wir feststellen, dass Dienstleistungen, die wir bereits anbieten, keine zusätzliche Komplexität aufweisen und daher grundsätzlich mit geringer Komplexität bewertet werden. Die ermittelten Werte der beiden Analyseinstrumente werden nun zusammengeführt. Insgesamt ist das Ergebnis, dass das Unternehmen die Dienstleistung weiter anbieten sollte, da diese in einem dunkelgrauen Areal liegt. Dies bedeutet, dass die Dienstleistung einen ausreichenden Beitrag zur Strategieumsetzung aufweist.

Handlungsfeld

4

Prozess- und Kapazitätsgestaltung – Wie gestalten wir die Prozesse und Kapazitäten des Dienstleistungsgeschäfts?

In diesem Handlungsfeld widmen wir uns zwei Fragen, die eng miteinander verbunden sind. Die erste lautet: Wie gestalten wir die **Prozesse des Dienstleistungsgeschäfts**? Die Antwort auf diese Frage ist die Grundlage für die weiteren Handlungsfelder.

- welche Prozesse es selbst durchführt,
- welche Prozesse in Kooperation mit anderen Unternehmen erbracht werden,
- wie deren organisatorische Einordnung erfolgt und
- wie die Leistung seines Dienstleistungsgeschäfts gemessen werden kann.

Die Gestaltung von Prozessen erfordert die Erfassung eines bestehenden Ist-Zustands; falls es nicht ein neu einzurichtender Prozess ist. Gestaltung bedeutet dann die Überführung in einen Soll-Zustand. In der Literatur existieren hierzu verschiedene Instrumente. Wir wollen uns einige Ideen der Wertstromanalyse zu eigen machen (vgl. Rother und Shook 2004). Dieses Instrument ist zur Optimierung von Produktionsprozessen vielfach erprobt.

Die zweite Frage in diesem Handlungsfeld lautet: Wie gestalten wir die zugehörigen **Kapazitäten in den Dienstleistungsaktivitäten**. Welche Kapazitäten müssen wir für die Dienstleistungsaktivitäten vorhalten? Ein Zuwenig an Kapazität führt dazu, dass wir Dienstleistungen nicht erbringen können. Ein Zuviel an Kapazität führt zu mangelnder Wirtschaftlichkeit. Dieses Spannungsfeld müssen wir für die Kapazitätsarten Personal, Material, Ausrüstung und Flächen optimieren.

© Springer Fachmedien Wiesbaden 2014
M. Seiter, *Industrielle Dienstleistungen in sieben Handlungsfeldern*, essentials,
DOI 10.1007/978-3-658-06940-7_4

4.1 Prozessgestaltung

Das Instrument, dass uns dabei helfen soll, effiziente Prozesse im Dienstleistungsgeschäft zu etablieren ist die **Wertstromanalyse**. Hierzu zuerst eine Erklärung des Begriffs „Wertstrom":

▶ Unter einem **Wertstrom** verstehen wir die Gesamtheit aller Dienstleistungsaktivitäten, die in einem Dienstleistungsprozess vollzogen werden.

Wir erkennen, dass in dieser Definition der Begriff „Effizienz" fehlt. Der Wertstrom enthält folglich auch solche Dienstleistungsaktivitäten, die ineffizient sind. Anders ausgedrückt: auch **nicht wertschöpfende Dienstleistungsaktivitäten** sind Teil des Wertstroms. Die Wertstromanalyse hilft uns, Effizienz herzustellen.

Die Wertstromanalyse ist für klassische Produktionsprozesse entwickelt worden. Und obwohl viele Bücher zur Wertstromanalyse betonen, diese eigne sich auch für Dienstleistungen, bieten diese Bücher beinahe ausschließlich Produktionsbeispiele. Dies liegt daran, dass die Wertstromanalyse für Dienstleistungsprozesse angepasst werden muss. Hierzu ein Beispiel:

In der klassischen Form der Wertstromanalyse ist nicht vorgesehen, dass der Kunde in den laufenden Produktionsprozess eingreift. Er ist als passiver Empfänger konzipiert. Dies können wir für Dienstleistungsprozesse nicht unterstellen. Der Grund ist, dass der **Kunde aktiv** in die Dienstleistungsprozesse **eingreift**. Wir haben dies ausführlich in Abschn. 1.1 erörtert.

Im Folgenden erschließen wir die Vorgehensweise für die Wertstromanalyse anhand eines konkreten Beispiels. Hierzu greifen wir das **Beispiel „Kehrgeräte AG"** wieder auf, das wir bereits im Abschn. 2.3 kennen gelernt haben.

Die Kehrgeräte AG ist ein Hersteller von Reinigungsmaschinen für Böden von Fabrikhallen. Wir wollen hier die Dienstleistung „Ersatzteilservice" näher betrachten. Als erste Annäherung, welche Aktivitäten diese Dienstleistung umfasst, dient das an den Kunden dieser Dienstleistung gegebene Serviceversprechen: Käufer einer Reinigungsmaschine, die die Dienstleistung „Ersatzteilservice" beziehen, erhalten im Falle eines Ausfalls die notwendigen Ersatzteile direkt an den Ort geliefert, an dem sich das Kehrgerät befindet. Die Dienstleistung umfasst überdies den Austausch der Ersatzteile. Ist eine Reparatur vor Ort nicht möglich, wird die Maschine in die Werkstatt der Kehrgeräte AG überführt und dort eine Reparatur vollzogen. In der Zwischenzeit erhält der Kunde ein Ersatzgerät.

Befassen wir uns nun damit, die Dienstleistungserbringung zu modellieren. Hierzu benötigen wir einige Basisinformationen. Zuerst bestimmen wir den **Start- und den Endpunkt** des Wertstroms. Grundsätzlich können wir festhalten, dass ein Wertstrom beim Kunden beginnt und auch dort endet. Wir sollten die Frage beantworten: Wann beginnt und endet der Dienstleistungsprozess aus **Sicht des Kunden**? In diesem Fall ist der Beginn des Wertstroms die Meldung eines Ausfalls durch den Kunden und der Endpunkt die Einholung eines Kundenfeedbacks. Eine zweite Basisinformation bezieht sich auf die **beteiligten Mitarbeitergruppen**. Im vorliegenden Beispiel sind dies drei: Mitarbeiter des Teams Customer Service, Service-Techniker und Service-Techniker in der unternehmenseigenen Werkstatt. Aufbauend auf diesen Informationen zeigt Abb. 4.1 den stark vereinfachten Wertstrom der Beispieldienstleistung.

In Abb. 4.1 unterscheiden wir **zwei Arten von Dienstleistungsaktivitäten**. Auf die erste Art hat der Kunde keinen direkten Einfluss. Auf die zweite Art hat der Kunde einen direkten Einfluss – er wirkt in diesen Aktivitäten aktiv mit. Diese in der Abbildung grau gefärbten Aktivitäten sind für die Erbringung von Dienstleistungen charakteristisch. Es sind die Stellen, in denen der **externe Faktor** in den Wertstrom integriert ist. Für die Kapazitätsplanung sind diese Aktivitäten von besonderer Relevanz. Der Grund dafür ist, dass das Verhalten des Kunden **nicht perfekt antizipiert** werden kann, so dass wir keine präzisen Soll-Zeiten für die Durchführung vorgeben können. Hierzu ein Beispiel: Die Diagnose kann durch den Kunden stark beeinflusst werden. Der Kunde kann bspw. durch einen eigenen Reparaturversuch die Diagnose erschweren. Die Diagnosezeit kann dadurch wesentlich verlängert werden.

Wie gelangen wir aber zu effizienten Prozessen? Oder grundlegender gefragt: Wann ist ein Wertstrom effizient? Für die Definition von absoluter Effizienz bauen wir auf einem Kernkonzept des Lean Managements auf; den **Arten der Verschwendung**. Wir halten fest:

▶ Ein Wertstrom ist dann effizient, wenn er **keine Verschwendungen** enthält.

Die verschiedenen Arten der Verschwendungen sind für die Herstellung von Produkten erarbeitet worden. Für die Erbringung von Dienstleistungen müssen wir diese anpassen. Wir unterscheiden folgende **fünf Verschwendungen**:

- überschüssige Kapazität,
- unnötige Transporte,
- unnötige Wartezeiten,
- unnötige Rückfragen und
- Ausführungsfehler.

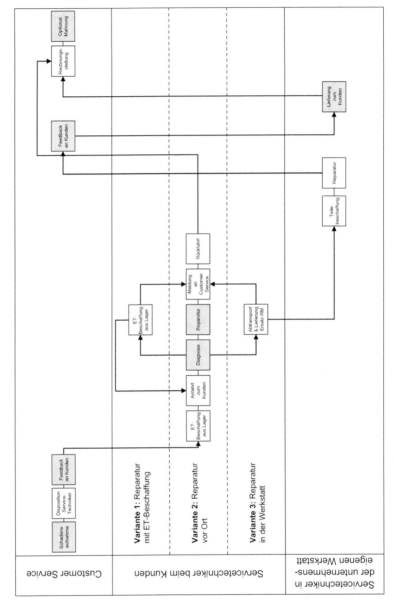

Abb. 4.1 Wertstrom Ersatzteilservice

Überschüssig sind Kapazitäten dann, wenn wir diese nicht für die Leistungserstellung benötigen. Wir betrachten die Kapazitäten der wesentlichen Ressourcenarten Personal, Verbrauchsmaterial und Flächen. In vielen Fällen müssen wir zudem die Ausrüstung betrachten, insbesondere wenn diese hohe Anschaffungswerte aufweisen; bspw. spezialisierte Diagnosewerkzeuge für Service-Techniker oder Service-Fahrzeuge.

4.2 Kapazitätsgestaltung

Mit der Kapazitätsgestaltung legen wir das **maximale Leistungsvermögen** unseres Dienstleistungsgeschäfts für einen bestimmten Zeitraum fest. Dabei müssen wir ein grundlegendes Problem lösen: Ein Zuwenig an Kapazität führt dazu, dass wir Dienstleistungen nicht erbringen können. Die Folgen sind entgangener Umsatz oder Verlust des Kunden. Ein Zuviel an Kapazität führt zu mangelnder Wirtschaftlichkeit, da Leerkosten entstehen.

Unser Ziel muss es sein, der **Nachfrage** nach unseren Dienstleistungen **genau zu entsprechen**. Allerdings ist dies im Fall von industriellen Dienstleistungen nicht vollständig möglich, da wir das Verhalten des Kunden nicht vollständig vorhersehen können. Die Lösung dieses Problems umfasst drei Schritte:

Im ersten Schritt ermitteln wir, welche Folgen **Überkapazität** und welche Folgen **Unterkapazität** haben (Risikoanalyse). Mit dieser Basisinformation können wir die Grobgestaltung der Kapazität vollziehen. In der Grobplanung legen wir die Kapazität auf eine vermutete Kundenanfrage hin aus unter spezieller Berücksichtigung der ermittelten Schäden einer Über- bzw. Unterkapazität. Die kurzfristige Anpassung an die tatsächliche Nachfrage führen wir im Rahmen der Feinsteuerung durch.

Im Rahmen der Risikoanalyse wollen wir bestimmen, welche Kosten uns entstehen, wenn wir die Kapazität bereitstellen, die für die einmalige Ausführung der Dienstleistung notwendig ist. Dieser Wert, wir wollen ihn als **Grenzkapazitätskosten** bezeichnen, dient als Maß für das Risiko. Durch Multiplikation mit der von uns vermuteten Abweichung zwischen tatsächlicher Dienstleistungsnachfrage und bereitgestellter Kapazität können wir das Schadenausmaß quantifizieren.

Die einmalige Erbringung einer Dienstleistung erfordert eine spezielle Kombination verschiedener Ressourcen. Dazu gehören Personal, Material, Ausrüstung und Flächen. Der **Wertstrom** erlaubt uns, die **Ressourcennotwendigkeiten** zu bestimmen. Konkret bestimmen wir dazu die Ressourcen für jede Dienstleistungsaktivität, die im Wertstrom verzeichnet ist. Weist der Wertstrom **Varianten** auf, müssen wir eine Schätzung vornehmen, welche Variante wir wie häufig erwarten.

Nachdem wir die Ressourcen für die Erbringung einer Dienstleistung bestimmt haben, werden diese im nächsten Schritt bewertet. Dazu ermitteln wir die **Kosten pro Einheit der Ressourcen Personal, Material & Ausrüstung sowie Flächen.** Bei der Berechnung treffen wir auf mehrere Grundproblem der Kostenrechnung u. a. auf die Schlüsselung von **Gemeinkosten.** Hierzu ein Beispiel: Wir beschaffen ein Diagnosewerkzeug nicht für eine einmalige Erbringung einer Dienstleistungen, sondern für mehrmalige. Folglich müssen wir die Kosten für Anschaffung und Bereitstellung des Diagnosewerkzeugs auf die einmalige Anwendung herunterbrechen. Dazu benötigen wir weitere Annahmen, wie bspw. wie lange wir das Diagnosewerkzeug nutzen können. An dieser Stelle sei auf vertiefende Literatur zum Umgang mit Gemeinkosten verwiesen (vgl. bspw. Horváth 2011, Kap. 3).

Wenden wir uns nun dem zweiten Risiko zu: der **Unterkapazität.** Unterkapazität ist jene Kapazität, die fehlt, um die Dienstleistungsnachfrage in einer bestimmten Periode, bspw. eines Geschäftsjahrs, zu befriedigen. Fehlt Kapazität, entstehen Kosten aus Vertragsstrafen und Opportunitätskosten für nicht realisierte Erlöse.

Im Unterschied zum Fall der Überkapazität wollen wir keine Grenzkosten berechnen, sondern welche Kosten entstehen, wenn wir die Nachfrage eines bestimmten Kunden nicht befriedigen. **Bezugsobjekt** ist folglich nicht die Durchführung der Dienstleistung, sondern der **Kunde.** Der Grund dafür ist, dass jeder Kunde einen individuellen Fall darstellen kann. Mit jedem können andere Vertragsstrafen vereinbart sein.

Neben dem entgangenen Erlös der konkreten Nachfrage müssen wir auch alle **zukünftigen Nachfragen des Kunden** berücksichtigen, da es möglich ist, dass der Kunden keine weiteren Anfragen mehr stellt, wenn wir eine nicht berücksichtigen konnten. Speziell in unserem Fall der industriellen Dienstleistungen müssen wir zudem beachten, dass der Verlust eines Kunden gleichzeitig einen **Verlust von zukünftigen Produkterlösen** nach sich ziehen kann. Ein im Rahmen einer Wartung enttäuschter Kunde wird u. U. zukünftig Reinigungsgeräte bei einem anderen Hersteller beziehen.

Die Feststellung von vereinbarten **Vertragsstrafen** ist trivial, weshalb wir uns direkt damit befassen, wie wir die Opportunitätskosten bestimmen. Die **Opportunitätskosten** sind die Summe aus

- den **entgangenen Erlösen** der konkreten Nachfrage und
- dem **Wert des Kunden** unter Berücksichtigung der gewählten Dienstleistungsstrategie.

Letzteres bildet den möglichen Verlust des Kunden ab. In der Literatur werden verschieden Varianten zur Berechnung des Kundenwerts vorgestellt (vgl. Krafft und Rutsatz 2006). Dabei bleibt allerdings oftmals unberücksichtigt, dass ein Kundenwert nur sinnvoll in Verbindung mit der gewählten **Unternehmensstrategie** beurteilt werden kann. Konkret bedeutet dies, dass ein und derselbe Kunde im Falle unterschiedlicher Dienstleistungsstrategien einen unterschiedlichen Wert hat. Die Grobgestaltung der Kapazität umfasst zwei Schritte. In einem **ersten Schritt** prognostizieren wir die **durchschnittliche Nachfrage** nach den angebotenen Dienstleistungen mit Hilfe von geeigneten Heuristiken. Mit Hilfe der bereits bestimmten **Sollkapazität** der einmaligen Erbringung der Dienstleistungen bestimmten wir die Sollkapazität, die für die verschiedenen Dienstleistungen vorgesehen werden sollte.

In einem **zweiten Schritt** korrigieren wir diese Sollkapazitäten auf Basis der Ergebnisse der **Risikoanalyse**. Im Kern geht es um die Frage, inwieweit Über- oder Unterkapazität zulassen wollen. Die korrigierten Kapazitäten aggregieren wir zur Kapazität des Dienstleistungsgeschäfts als Ganzes.

Erörtern wir zuerst die **Prognose** der durchschnittlichen Nachfrage. In der Literatur liegen für eine Vielzahl von Dienstleistungen Vorschläge für Prognoseverfahren vor. Großteils benötigen diese als Basis Informationen, die in der Praxis schwer verfügbar sind. Hilfsweise werden die komplexen Verfahren mit Schätzwerten, statt exakten Werten durchgeführt. Die Ergebnisse stellen dann ebenfalls Schätzwerte dar. Wir können uns die Frage stellen, ob wir nicht von Beginn an einen unrealistischen Anspruch an die Exaktheit der Prognose senken. In diesem Fall eröffnet sich eine neue Klasse von Prognoseverfahren für unsere Zwecke: die Heuristiken.

Als **Heuristiken** werden solche Verfahren bezeichnet, mit denen wir mit beschränktem Aufwand zufriedenstellende Lösungen ermitteln können. Im Vordergrund steht das Aufwand-Nutzen-Verhältnis und nicht die Prognosegenauigkeit. Den Kern von Heuristiken stellen **Entscheidungsregeln** dar, die auf Erfahrungen oder beobachteten Zusammenhängen basieren. Ein Beispiel einer Heuristik zur Prognose von Ersatzteilbedarfen finden Sie in Rosentritt et al. (2012).

Wenden wir uns nun dem **zweiten Schritt** der Grobplanung zu: der **Korrektur der Sollkapazität** auf Basis der Ergebnisse der Risikoanalyse. Die Korrektur führen wir für jede Dienstleistung separat durch. Dazu wägen wir die Kosten der Überkapazität mittels der ermittelten Grenzkosten und die Kosten der Unterkapazität mittels der Opportunitätskosten gegeneinander ab. Abbildung 4.2 verdeutlicht, wie wir zu einer Entscheidung wir gelangen.

Im Falle hoher Opportunitätskosten und gleichzeitig niedrigen Grenzkosten orientieren wir uns in der Regel an der **erwarteten Maximalnachfrage**. Je niedriger die Grenzkosten, desto näher sollten wir in Richtung Maximalnachfrage korrigieren.

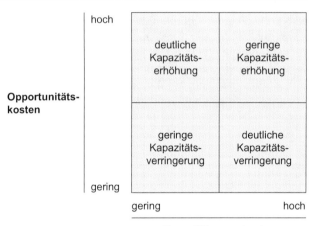

hoch

| deutliche Kapazitäts- erhöhung | geringe Kapazitäts- erhöhung |

Opportunitäts-
kosten

| geringe Kapazitäts- verringerung | deutliche Kapazitäts- verringerung |

gering

gering   hoch

Kapazitätsgrenzkosten

Abb. 4.2 Entscheidungsbasis zur Korrektur der prognostizierten Durchschnittsnachfrage

Eine vergleichsweise **geringe Korrektur** nehmen wir vor, wenn geringe Opportunitätskosten vorliegen und gleichzeitig geringe Grenzkosten. Grund dafür ist, dass die Unterkapazität keinen großen Effekt aufweist, aber auch der Einspareffekt relativ gering ist. Analoges gilt für den umgekehrten Fall: Hohe Opportunitätskosten sprächen für eine deutliche Korrektur nach oben, aber die hohen Grenzkosten dagegen.

Nachdem wir die Grobgestaltung der Kapazität vorgenommen haben, befassen wir uns nun mit der **kurzfristigen Anpassung** an die tatsächliche Nachfrage. Die Feinsteuerung ist notwendig, da die tatsächliche Nachfrage in der Periode um den von uns prognostizierten Wert schwankt.

Feinsteuerung können wir über verschiedene Maßnahmen vollziehen, die sich einer der beiden folgenden Kategorien zuordnen lassen:

• **Beeinflussung der Nachfrage** zur Abmilderung von Überkapazität oder
• **Nutzung von Flexibilitätsspielräumen** zur Abmilderung von Unterkapazität.

Im Falle der Überkapazität kann die Nachfrage der Kunden in gewissem Rahmen beeinflusst werden, ohne dass dies dazu führt, dass die Oberziele der verfolgten Dienstleistungsstrategie verfehlt werden. Dazu ist es notwendig, dass die Maßnahmen von den jeweiligen Kunden nicht als Zwang wahrgenommen werden. Vielmehr sollte der Kunde die Maßnahmen als Anreize verstehen, denen er nicht zwingend folgen muss. Wir wollen hier **drei Kategorien** von Anreizen unterscheiden (in Anlehnung an Fließ 2009, S. 256):

- **Kommunikationspolitische Anreize:** Hierzu zählen Maßnahmen, mit denen wir Kunden darauf aufmerksam machen, dass aus unserer Sicht gerade eine besonders gute Gelegenheit wäre, die Dienstleistung zu beziehen.
- **Preispolitische Anreize:** Hierzu zählen Maßnahmen, mit denen wir Kunden in Zeiten von Überkapazität preisliche Nachlässe einräumen. Dies kann bspw. dazu führen, dass einzelne Kunden eine absehbare Wartung vorziehen.
- **Leistungspolitische Anreize:** Hierzu zählen Maßnahmen, mit denen wir Kunden eine Dienstleistung anbieten, deren Qualität höher als normalerweise ist. Im gewissen Sinne ist dies die Umkehrung der preispolitischen Anreize: der Kunde erhält eine höhere Qualität bei gleichem Preis.

Die dargestellten Maßnahmen zielen darauf ab, in Zeiten von Überkapazität **zusätzliche Nachfrage** zu generieren. Der umgekehrte Fall kann im Rahmen von Dienstleistungen über Anreize erfolgen. Dies würde das vereinbarte Verfügbarkeitsversprechen, dass den meisten industriellen Dienstleistungen inne wohnt brechen.

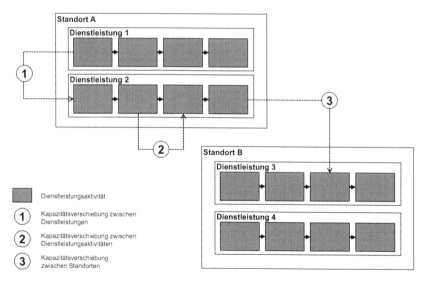

Abb. 4.3 Arten der Kapazitätsverschiebung

Der geeignete Ansatzpunkt zur Abmilderung der Unterkapazität ist die **Nutzung von Flexibilitätsspielräumen**. Hier unterscheiden wir zwei Maßnahmenarten:

• **Verschiebung** von Kapazität und
• **kurzfristige Ausweitung** von Kapazität.

Die **Verschiebung** von Kapazität kann auf verschiedene Arten erfolgen. Eine erste Möglichkeit ist die Verschiebung von Kapazität zwischen den einzelnen **Dienstleistungsaktivitäten** innerhalb einer Dienstleistung. Die zweite Möglichkeit ist die Verschiebung von Kapazitäten zwischen den einzelnen **Dienstleistungen**. Eine dritte Möglichkeit ist die **geografische Verschiebung** von Kapazitäten. Abbildung 4.3 zeigt diese Ansatzpunkte in grafischer Form.

Ein weiterer Flexibilitätsspielraum ist die **kurzfristige Ausweitung** der Kapazität. Dazu gehört das Nutzen von Überstundenregelungen oder Verschiebungen von Urlaub. Allerdings sind diese Maßnahmen im Vergleich zur regulären Kapazität mit höheren Kosten verbunden und somit nur begrenzt sinnvoll.

Handlungsfeld   **5**

Kooperation mit Externen – Wie binden wir Externe in das Dienstleistungsgeschäft ein?

Die zentrale Frage in diesem Handlungsfeld ist, ob und in welchem Ausmaß wir Dienstleistungen in **Kooperation** mit externen Partnern anbieten.

- Wir können eine **Dienstleistung** als Ganzes durch Externe durchführen lassen (Fall 1).
- Wir können aber auch einzelne **Dienstleistungsaktivitäten** innerhalb einer Dienstleistung auslagern (Fall 2)
- oder gar einzelne **Kapazitätsarten** (Fall 3).

Abbildung 5.1 zeigt die drei Fälle am Beispiel des Wertstroms der Kehrgeräte AG.

In der Praxis können **Mischformen** der drei Fälle auftreten. Hierzu ein Beispiel: Wir könnten uns dafür entscheiden, dass ein Kooperationspartner die Lieferung von Ersatzteilen erbringt, die Ersatzteile verbleiben aber in unserem Besitz. Daneben erbringt derselbe Kooperationspartner eine Beratungsdienstleistung in unserem Namen in vollem Umfang, samt sämtlicher dafür notwendiger Ressourcen.

Bei unserer Entscheidung, was durch Kooperationspartner erbracht werden soll, dürfen wir nicht nur die Dienstleistung als Ganzes betrachten. Vielmehr müssen wir auch die Dienstleistungsaktivitäten und die Kapazitäten analysieren. Eine bestimmte Wartungsdienstleistung kann als Ganzes einen wichtigen Beitrag zur Umsetzung der gewählten Strategie leisten. Es kann aber sinnvoll sein, das gesamte Backoffice in eine Kooperation einzubringen oder auch eine bestimmte Kapazi-

© Springer Fachmedien Wiesbaden 2014   33
M. Seiter, *Industrielle Dienstleistungen in sieben Handlungsfeldern,* essentials,
DOI 10.1007/978-3-658-06940-7_5

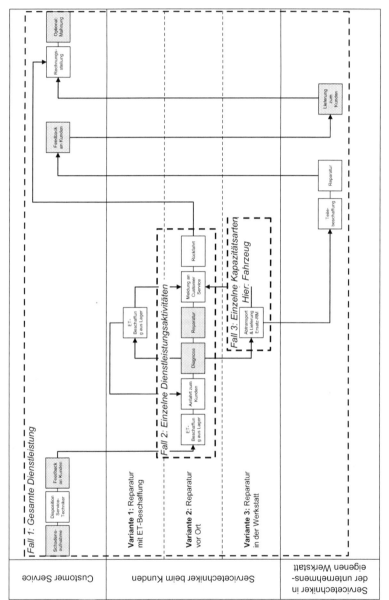

Abb. 5.1 Kooperationsgegenstände

tät, wie bspw. den Fuhrpark der Service-Techniker. Unser **erstes Entscheidungs-kriterium** lautet daher:

▶ Wir bringen all jene Dienstleistungen, Dienstleistungsaktivitäten oder Kapazitäten **nicht** in eine Kooperation ein, die einen hohen Beitrag zur Strategieumsetzung leisten.

Warum formulieren wir vermeintlich kompliziert, warum nicht: Wir bringen jene Dienstleistungen, Dienstleistungsaktivitäten oder Kapazitäten in eine Kooperation ein, die einen geringen Einfluss auf die Strategieumsetzung haben. Weil dies nur das erste Entscheidungskriterium ist. Daneben ist ein zweites Kriterium notwendig.

Eine Kooperation verursacht grundsätzlich **Kosten**. Diese entspringen u. a. der Anbahnung der Kooperation, der Koordination der Kooperationspartner, etwaigen Konflikten und der Beendigung der Kooperation. Ökonomisch vorteilhaft ist eine Kooperation folglich nur dann, wenn diese Kosten durch konkrete Kostensenkung im Rahmen der Dienstleistungserbringung übertroffen werden. Dies ist erfüllt, wenn der Kooperationspartner, die Dienstleistungen, Dienstleistungsaktivitäten oder Kapazitäten effizienter durchführen bzw. vorhalten kann und damit die **Nettokosten** einer Kooperation negativ sind.

▶ Wir bringen all jene Dienstleistungen, Dienstleistungsaktivitäten oder Kapazitäten **nicht** in eine Kooperation ein, die wir zu geringeren Kosten durchführen könnten, als dies in Kooperation mit einem Partner möglich wäre.

Wir können beide Entscheidungskriterien als Achsen eines Koordinatensystems interpretieren. Wie in Abb. 5.2 dargestellt, bringen wir all jene Dienstleistungen, Dienstleistungsaktivitäten oder Kapazitäten in Kooperationen ein, die dem rechten oberen Bereich zugeordnet sind.

Verdeutlichen wir uns die Bewertung am Beispiel der Basisstrategie Kunden-orientierung. Mit dem Begriff **„Kundenorientierung"** bezeichnen wir die Strategie, die als oberstes Ziel verfolgt, erst ab dem Zeitpunkt anzubieten, zu dem entweder Kunden aktiv nachfragen oder die entsprechende industrielle Dienstleistung ein Standard in der betreffenden Branche geworden ist. Im Kern geht es in dieser Strategie darum, das Dienstleistungsportfolio auf das Minimum zu begrenzen, das vertretbar ist, um das Produktgeschäft nicht zu gefährden.

Zur Auswahl geeigneter Dienstleistungen haben wir in Abschn. 3.3.1 das Merkmal **Nachfrageintensität** eingeführt. Diese ist umso höher,

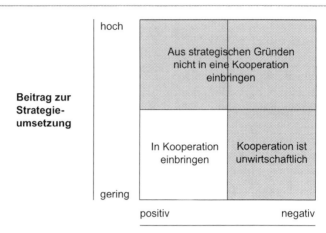

Abb. 5.2 Entscheidungslogik für Kooperationen

- je höher die Intensität der Nachfrage der Bestandskunden ist und
- je höher der Grad ist, zu dem die entsprechende Dienstleistung bereits von den Konkurrenten angeboten wird.

In das Dienstleistungsportfolio haben wir nur solche Dienstleistungen aufgenommen, die eine hohe oder mittlere Nachfrageintensität aufweisen. Nun verwenden wir dieses Kriterium für die Kooperationsentscheidung: Grundsätzlich sollten wir diejenigen Dienstleistungen mit hoher Nachfrageintensität nicht Kooperationspartnern überlassen, da sie von überragender Bedeutung für diese Basisstrategie sind. Dienstleistungen mittlerer Nachfrageintensität können dagegen prinzipiell ausgelagert werden, falls die operative Bewertung zu einer entsprechenden Empfehlung gelangt.

Wir kommen daher zu folgenden Entscheidungskriterien:

> Wir bringen all jene Dienstleistungen, Dienstleistungsaktivitäten oder Kapazitäten **nicht** in eine Kooperation ein, die es uns erlauben,
> **Informationen**
> - zur Änderung der Kundenwüsche
> - oder zur Änderung des Wettbewerberverhaltens

hinsichtlich industrieller Dienstleistungen zu sammeln. Weiterhin bringen wir all jene Dienstleistungen nicht in eine Kooperation ein, die eine hohe Nachfrageintensität aufweisen. Diese Einschränkung gilt nicht für ausgewählte Dienstleistungsaktivitäten und Kapazitäten innerhalb der Dienstleistungen.

Mit Hilfe der strategischen Bewertung haben wir jene Dienstleistungen, Dienstleistungsaktivitäten und Kapazitäten bestimmt, die wir nicht auslagern, weil sie einen wichtigen Faktor für die Strategieumsetzung darstellen. Alle anderen Dienstleistungen können genau dann in eine Kooperation eingebracht werden, wenn die **operative Bewertung** dafür spricht. Dazu müssen wir die jeweiligen **Nettokosten** bestimmen, die damit einhergeht, wenn wir die entsprechende Kooperation eingehen.

Nettokosten sind die Differenz aus den **Kosten der Kooperation** und den **Kostensenkungen**, die durch die Kooperation erzielt werden sollen. Wenden wir uns zunächst den Kosten zu, die uns durch die Kooperation entstehen.

Die Kosten einer Kooperation leiten wir anhand des **Lebenszyklus einer Kooperation** her. Dieser umfasst drei Phasen: die Anbahnung der Kooperation, die Betriebsphase und die Auflösung der Kooperation. Betrachten wir zunächst die Anbahnungsphase.

Die **Anbahnung** umfasst alle Aktivitäten, die notwendig sind, um die Kooperation vorzubereiten. Sie verursachen die folgenden Kosten:

*   Kosten für den Entwurf des Sollprofils
*   Kosten für die Partnersuche
*   Kosten für die Partnerauswahl
*   Kosten für die Einrichtung der Kooperation

Ein weiterer Bestandteil der Kooperationskosten entsteht in der **Betriebsphase** der Kooperation. Diese Phase beginnt mit der tatsächlichen Leistungsbereitschaft des Kooperationspartners bis zur Auflösung der Kooperation. Wir unterscheiden folgende Kosten:

*   Kosten für Service-Erbringung
*   Kosten der Leistungsmessung
*   Kosten für Konflikte und opportunistisches Verhalten

Schließlich müssen wir die **Trennungskosten** einer Kooperation berücksichtigen. Hier gehen wir vereinfachend von der Annahme aus, dass wir nach Beendigung einer Kooperation die entsprechenden Aktivitäten vorerst selbst übernehmen und nicht direkt in eine weitere Kooperation einbringen. In diesem Fall müssen wir die Kosten für die Wiederherstellung der eigenen Leistungsbereitschaft berücksichtigen. Folgende Kosten zählen wir zu den Kosten der Auflösung einer Kooperation:

- Verteilung gemeinsamer Investitionen
- Abschreibungen spezifischer Investitionen
- Kosten für Rechtsstreitigkeiten
- Dokumentation der Erfahrungen und Lernen
- Kosten für die Reorganisation
- Kosten des Wiederaufbaus der Leistungsfähigkeit

Nachdem wir die Kosten der Kooperation bestimmt haben, müssen wir die **Kostensenkungen** ermitteln, die wir durch die Kooperation erwarten. Erst dann können wir die Nettokosten der Kooperation bestimmen. Analog zu den Kosten der Kooperation erörtern wir die verschiedenen Arten von Kostensenkungen. Der wesentliche Unterschied ist, dass nicht alle Kostensenkungspotenziale auch realisiert werden.

Die Kostensenkungen können wir anhand der **Kapazitäten** einteilen, die wir durch die Kooperation nicht mehr vorhalten müssen:

- **Reduktion von Personalkosten**: Personalkapazität wird an zwei Stellen eingespart. Zum einen sind dies jene Personalkapazitäten, die für jene Dienstleistungsaktivitäten vorgehalten wurden, die nun durch den Kooperationspartner durchgeführt werden. Dies kann in allen drei Dienstleistungsfunktionen der Fall sein: Dienstleistungsentwicklung, Dienstleistungsvertrieb und Dienstleistungserbringung. Neben den genannten Personalkapazitäten können jene reduziert werden, welche zur Disposition der erstgenannten Personalkapazitäten vorgehalten wurden. Dies ist der direkte Gegeneffekt zu Personalkosten, die dadurch entstehen, dass der Kooperationspartner gesteuert werden muss.
- **Reduktion von Materialkosten**: Materialkapazität wird in dem Maße eingespart, wie die Pflicht, Material für die Dienstleistungserbringung, an den Kooperationspartner übertragen wird. Diese Einsparung tritt in wesentlicher Höhe ausschließlich in der Dienstleistungserbringung, da nur dort hohe Materialkapazitäten, wie bspw. Ersatzteile, auftreten. Einsparungen hinsichtlich dieser Kapazitätsart sind in der Dienstleistungsentwicklung oder dem Dienstleistungsvertrieb in der Regel von untergeordneter Bedeutung.

- **Reduktion von Ausrüstungskosten:** Die Reduktion von Ausrüstung steht in einem engen Zusammenhang mit der Reduktion der Personalkapazität. In der Dienstleistungsentwicklung können dies bspw. IT-Systeme sein, die von den Entwicklern verwendet werden. Im Dienstleistungsvertrieb handelt es sich bspw. um Fahrzeuge. Im Rahmen der Dienstleistungserbringung handelt es sich bspw. um Diagnosegeräte. Eine Schwierigkeit bei der Quantifizierung ist die gemeinsame Nutzung von Ausrüstung. Wird der Fahrzeugpool gemeinsam mit dem Kooperationspartner genutzt, müssen wir geeignete Schlüssel zu Grunde legen, um die Kosten aufzuteilen.
- **Reduktion von Flächenkosten:** Die Reduktion von Flächenkosten weist Zusammenhänge mit allen anderen Kapazitätsarten auf. Einerseits sind Flächenkosten abhängig von den vorzuhaltenden Material- und Ausrüstungskapazitäten. Beispiele hierfür sind Lager für Ersatzteile und Parkflächen für Fahrzeuge. Andererseits sind diese abhängig von Personalkapazitäten. Führen wir uns hierzu nochmals das Beispiel der Kehrgeräte AG vor Augen: Diese muss Flächen vorhalten für den Fall, dass der Service-Techniker eine Reparatur prinzipiell nicht vor Ort vornehmen kann. In diesem Fall transportiert er die Reinigungsmaschine in die unternehmenseigene Werkstatt. Diese Fläche kann eingespart werden, wenn die entsprechende Dienstleistungsaktivität an den Kooperationspartner ausgelagert wurde. Analog zu den Ausrüstungskosten ist auch hier die Herausforderung der Abgrenzung zu meistern, wenn wir Flächen gemeinsam mit unserem Kooperationspartner nutzen.

Abschließend sollten wir an dieser Stelle festhalten, dass wir hier eine **Kostenprognose** vornehmen, die nur in wenigen Fällen exakt zutrifft. Es ist daher wichtig, besonders hohe Kostenblöcke in allen Phasen des Kooperationslebenszyklus zu überwachen und notfalls die Kooperation rechtzeitig zu beenden.

Handlungsfeld

6

Organisatorische Einordnung – Wie ordnen wir das Dienstleistungsgeschäft ein?

Die zentrale Frage in diesem Handlungsfeld ist, wie wir das Dienstleistungsgeschäft in die **Organisation** eines Unternehmens einordnen wollen. Die Gestaltung einer Organisation erfordert es, dass wir die Gestaltungsebene wählen. Hier können wir zwischen zwei Ebenen unterscheiden: die **Ebene der Dienstleistungsfunktionen** (Makroebene) und die **Ebene der Prozesse** innerhalb der Dienstleistungsfunktionen (Mikroebene).

Nach der Gestaltung der Makroebene erfolgt die Gestaltung der Mikroebene auf Basis des Wertstroms, den wir in Abschn. 4.2 definiert haben als Gesamtheit aller Dienstleistungsaktivitäten, die in einem Dienstleistungsprozess vollzogen werden.

In diesem Abschnitt widmen wir uns daher der Gestaltung der Makroebene der Dienstleistungsorganisation. Dazu erörtern wir grundlegende Formen der Organisation des Dienstleistungsgeschäfts. Anhand des sog. Zentralisationsgrads führen wir vier **Grundformen** zur Organisation des Dienstleistungsgeschäfts ein.

Das Dienstleistungsgeschäft eines Unternehmens umfasst die **drei Funktionen** Dienstleistungsentwicklung, Dienstleistungsvertrieb und Dienstleistungserbringung. Diese Funktionen sind generisch, d. h. es handelt sich um abstrakte Begriffe, die in der Praxis in unterschiedlichen Ausprägungen und Bezeichnungen vorliegen können. Die Dienstleistungsentwicklung kann bspw. in einem Unternehmen von der Produktentwicklungsabteilung übernommen werden. Die Bezeichnung Dienstleistungsentwicklung liegt in jenem Fall nicht vor, die Funktion aber existiert.

Grundlegende Organisationsformen für das Dienstleistungsgeschäft unterscheiden sich in der **Einordnung** der drei Funktionen in die Gesamtorganisation des

© Springer Fachmedien Wiesbaden 2014
M. Seiter, *Industrielle Dienstleistungen in sieben Handlungsfeldern*, essentials,
DOI 10.1007/978-3-658-06940-7_6

Unternehmens. Wir unterscheiden im Folgenden vier Grundformen. Folglich benötigen wir ein Kriterium, um diese Unterscheidung vornehmen zu können.
Wir verwenden zur Differenzierung den **Zentralisierungsgrad** der Dienstleistungsorganisation. Allgemein ist der Zentralisierungsgrad einer Organisation
definiert als das Maß, zu dem die Entscheidungskompetenzen und Ressourcen an
einem Ort in der Organisation angesiedelt sind. In unserem Fall wollen wir dar-
unter die Nähe der drei Dienstleistungsfunktionen zueinander verstehen. Die vier
Grundformen unterscheiden sich in ihrem Zentralisationsgrad. Beginnen wir mit
der Organisationsform mit dem höchsten Zentralisierungsgrad.

**Grundform 1: Zentralisierte Dienstleistungsorganisation mit Unterstel-
lung unter die 1. Ebene** Die höchste Form der Zentralisierung des Dienstleistungsgeschäfts ist die Gründung einer eigenen **Legaleinheit**, in der alle
Dienstleistungsfunktionen gebündelt werden. Eine solche Einheit ist im Sinne
eines Tochterunternehmens direkt der Unternehmensleitung (1. Ebene) oder dem
Beteiligungsmanagement unterstellt.

Es handelt sich um die Organisationsform, mit der das Produktgeschäft und das
Service-Geschäft am deutlichsten getrennt werden. Das Dienstleistungsgeschäft
ist damit besonders **sichtbar**, was einer hohen Bedeutung gleichkommt. Weiterhin ist die Koordination der Dienstleistungsfunktionen besonders einfach. Genau-
so wie die Ermittlung von Kosten und Leistungen des Dienstleistungsgeschäfts.
Die Koordination mit dem Produktgeschäft ist hingegen erschwert. Auch liegt in
den beiden Legaleinheiten zum Produktgeschäft und Dienstleistungsgeschäft nur
wenig Wissen und damit wenig Verständnis für die jeweils andere Legaleinheit vor.

Eine Variante dieser Grundform ist die Zentralisierung des Dienstleistungsgeschäfts **ohne Gründung** einer eigenständigen **Legaleinheit**. Die Dienstleistungsfunktionen werden dazu der Unternehmensleitung direkt unterstellt und nicht einer
der Produktfunktionen, wie bspw. dem Produktvertrieb oder der Produktion. Die
oben dargestellten Effekte sind in dieser Variante abgemildert.

Eine wichtige Sonderform sind **globale Dienstleistungsnetzwerke**. Im Grunde
handelt es sich wiederum um diese Grundform, die allerdings mit einer regionalen Differenzierung erfolgt. International tätige Unternehmen überlassen Teile des
Dienstleistungsgeschäfts regionalen Niederlassungen, die aber direkt der Unternehmensleitung unterstellt sind. So obliegen den regionalen Niederlassungen
bspw. der Dienstleistungsvertrieb und alle anderen Dienstleistungsfunktionen
einer zentralen Dienstleistungseinheit. Abbildung 6.1 zeigt die Varianten der ersten
Grundform in Form von Organigrammen.

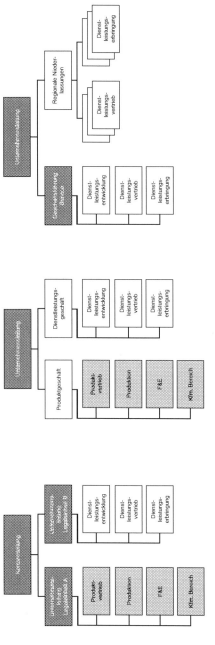

Abb. 6.1 Zentralisierte Dienstleistungsorganisation mit Unterstellung unter die 1. Ebene

Grundform 2: Zentralisierte Dienstleistungsorganisation mit Unterstellung unter die 2. Ebene Eine geringere Form der Zentralisierung liegt vor, wenn die Dienstleistungsfunktionen zwar in einer Einheit zusammengefasst sind, aber diese nicht der Geschäftsführung, sondern der **2. Führungsebene** unterstellt ist. Die Struktur der zweiten Führungsebene ist abhängig vom **Steuerungskonzept** eines Unternehmens. Grundlegende Möglichkeiten sind die Gliederung nach produktorientierten Geschäftsbereichen, Regionen oder betrieblichen Funktionen. Letztere umfassen u. a. Vertrieb, Produktion, F&E sowie Finanzen. In der Praxis sind neben den reinen Möglichkeiten auch Mischformen verbreitet.

Grundsätzlich können wir festhalten, dass die Unterstellung unter die 2. Führungsebene die **Koordination** zwischen dieser Ebene und dem Dienstleistungsgeschäft vereinfacht. Die Unterstellung unter einen Geschäftsbereich erlaubt eine einfache Koordination mit den dort zugeordneten Produkten. Die Verbindung zu anderen Geschäftsbereichen ist dagegen erschwert.

Analog gilt dies für die Unterstellung der einzelnen betrieblichen Funktionen. Eine Unterstellung unter den Vertrieb führt dazu, dass der Dienstleistungsvertrieb gegenüber den anderen Dienstleistungsfunktionen in den Vordergrund tritt. Weiterhin kann die Kapazität zwischen der Dienstleistungsfunktion und der übergeordneten Produktfunktion durchgeführt werden. Eine Unterstellung des Dienstleistungsgeschäfts unter die Produktion erlaubt, Qualifikation vorausgesetzt, eine einfache Verschiebung von Technikern zwischen Produktion und Dienstleistungserbringung.

Die Unterstellung unter die 2. Führungsebene legt zudem eine **klare Hierarchie** zwischen Produkt- und Dienstleistungsgeschäft fest. Eine Unterstellung unter den F&E-Bereich führt tendenziell dazu, dass die Produktentwicklung der Dienstleistungsentwicklung vorgelagert ist und eigenständige Dienstleistungsentwicklung eine eher untergeordnete Bedeutung hat. Abbildung 6.2 zeigt die Varianten der zweiten Grundform in Form von Organigrammen.

Grundform 3: Dezentralisierte Dienstleistungsorganisation mit Koordination Die dritte organisatorische Grundform zeichnet sich dadurch aus, dass die Dienstleistungsfunktionen nicht mehr in einer organisatorischen Einheit zusammengefasst sind. Vielmehr sind sie **getrennt** und jeweils anderen Einheiten unterstellt.

Die Trennung kann in zwei Varianten vorliegen: In der **ersten Variante** gibt es lediglich eine organisatorische Einheit für jede Dienstleistungsfunktion. In der **Zweiten** gibt es mehrere organisatorische Einheiten für eine oder mehrere Dienstleistungsfunktionen. So kann es bspw. mehrere Dienstleistungsvertriebe geben, die jeweils einem Geschäftsbereich unterstellt sind.

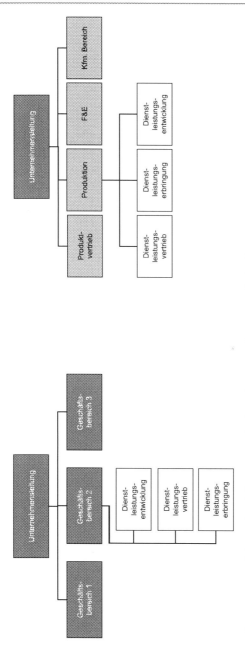

Abb. 6.2 Zentralisierte Dienstleistungsorganisation mit Unterstellung unter die 2. Ebene

Auch innerhalb dieser dritten Grundform können wir verschiedene Abstufungen von Zentralisierung unterscheiden. Eine erste Abstufung ist die **Matrix**. In dieser Form werden die einzelnen Dienstleistungsfunktionen doppelt unterstellt. Die erste Unterstellung ergibt sich aus der Zuordnung zur jeweiligen Produktfunktion. Die zweite Unterstellung erfolgt unter eine Einheit oder Stelle, die das Dienstleistungsgeschäft oder einzelne Dienstleistungen verantwortet.

Der wesentliche Vorteil der Matrixstruktur sind Größenvorteile durch Bündelung der jeweiligen Produkt- und Dienstleistungsfunktion und dadurch auch eine bessere **Kapazitätssteuerung**. Der wesentliche Nachteil ist der dauerhafte **Konflikt** zur Auftragspriorisierung zwischen Produkt- und Dienstleistungsgeschäft.

Eine Abstufung mit einem niedrigeren Zentralisierungsgrad ist die Einführung einer **Koordinationsstelle** für das Service-Geschäft. Im Gegensatz zur Matrix erfolgt in der Regel keine gleichberechtigte Unterstellung. Vielmehr ist die Koordinationsstelle in **Priorisierungskonflikten** regelmäßig unterlegen, da keine Doppelunterstellung erfolgt. Weshalb dann diese Koordinationsstelle? Sie dient vorrangig der Abmilderung von **Abstimmungsproblemen** zwischen den einzelnen Dienstleistungsfunktionen und somit zur Verbesserung der Kundenbetreuung. Abbildung 6.3 zeigt die Abstufungen der dritten Grundform in Form von Organigrammen.

Grundform 4: Dezentralisierte Dienstleistungsorganisation ohne Koordination Die vierte Grundform zeichnet sich dadurch aus, dass die **Dienstleistungsfunktionen** den entsprechenden **Produktfunktionen zugeordnet** sind. Oftmals existieren keine abgegrenzten Subeinheiten in den Produktfunktionen. Vielmehr werden die Dienstleistungsfunktionen von denselben Mitarbeitern vollzogen, die für das Produktgeschäft verantwortlich sind.

Diese Grundform ist in der Praxis vor allem in jenen Fällen vorzufinden, in denen Unternehmen erst begonnen haben, ein Dienstleistungsgeschäft aufzubauen oder in denen das Dienstleistungsgeschäft keine hohe Bedeutung für das Unternehmen hat. Vielmehr sind Produkt- und Dienstleistungsgeschäft personell verbunden. Die **Kapazitätssteuerung** ist dadurch vergleichsweise einfach. Dagegen ist die **Koordination** der einzelnen Dienstleistungsfunktionen erschwert.

Analog zur dritten Grundform können wir **zwei Varianten** der Grundform unterscheiden. In der **ersten Variante** gibt es lediglich eine organisatorische Einheit für jede Dienstleistungsfunktion. In der **zweiten Variante** gibt es mehrere organisatorische Einheiten für eine oder mehrere Dienstleistungsfunktionen. Abbildung 6.4 zeigt die Varianten der vierten Grundform in Form von Organigrammen.

Welche Grundform passt nun zu welcher Basisstrategie. Verdeutlichen wir uns dies am Beispiel der Basisstrategie „Kundenorientierung". Oberstes Ziel der Ba-

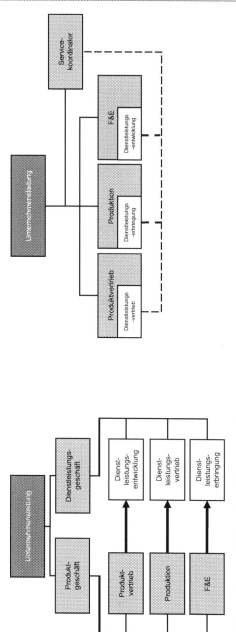

Abb. 6.3 Dezentralisierte Dienstleistungsorganisation mit Koordination

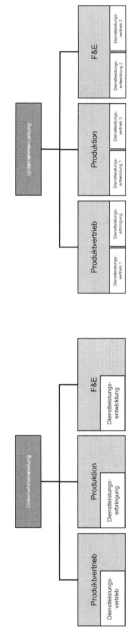

Abb. 6.4 Dezentralisierte Dienstleistungsorganisation ohne Koordination

sisstrategie „Kundenorientierung" ist es, nur solche Dienstleistungen anzubieten, die Bestandskunden aktiv nachfragen oder die ein Standard in der betreffenden Branche geworden sind. Im Kern geht es in dieser Strategie darum, das Dienstleistungsportfolio auf das Minimum zu begrenzen, das vertretbar ist, um das Produktgeschäft nicht zu gefährden. Die **Grundform 3** ist für diese Basisstrategie besonders geeignet. Hierfür sprechen folgende Gründe:

- Für eine dezentralisierte Lösung spricht die **optimale Abstimmung** mit dem **Produktgeschäft**. Auf diese Weise kann gewährleistet werden, dass tatsächlich jene Dienstleistungen angeboten werden, die unbedingt notwendig sind, um das Produktgeschäft nicht zu gefährden.
- Die Strategie „Kundenorientierung" wird oftmals in jenen Unternehmen verfolgt, die nur eine **geringe Kompetenz** im **Dienstleistungsvertrieb** aufweisen. Sie profitieren von der reaktiven Vorgehensweise, da die angebotenen Dienstleistungen keine hohen Anforderungen an den Vertrieb stellen. Auch dies spricht für eine dezentralisierte Organisation mit enger Anbindung an das Produktgeschäft.
- Ein zentrales Risiko dieser Strategie ist es, dass im Zeitablauf ein unstrukturiertes und damit zu **komplexes Dienstleistungsportfolio** entsteht. Treiber dieser Entwicklung sind die Kundenanfragen, die zur Erweiterung des bestehenden Dienstleistungsportfolios führen. Folglich ist eine Koordination zwischen den einzelnen Dienstleistungseinheiten notwendig.
- Ein weiterer Grund spricht für die Einführung eines **Koordinationsmechanismus**. Dem Wunsch des Kunden verpflichtet, werden in der Praxis oftmals Dienstleistungen etabliert, die im Extremfall nur dieser eine Kunden nachfragt – und dies vielleicht nur sehr selten. Den Kosten für Aufbau und Aufrechterhaltung der Leistungsbereitschaft stehen Erlöse in nicht adäquater Höhe gegenüber. Die koordinierende Stelle muss solche Sachverhalte frühzeitig identifizieren und steuernd eingreifen.

Die konkrete Ausgestaltung der Grundform 3 hängt ab von der **bestehenden Organisation** und **Unternehmenskultur**. Nur unter Berücksichtigung dieser Faktoren können wir entscheiden, welchen Koordinationsmechanismus wir etablieren, sei es eine Matrixstruktur oder die Einführung einer Koordinationsstelle.

Handlungsfeld 7

Performance Measurement – Welche Informationen benötigen wir zur Steuerung des Dienstleistungsgeschäfts?

Die zentrale Frage in diesem Handlungsfeld ist, welche Informationen wir benötigen, um das Dienstleistungsgeschäft zu steuern. Die Antwort auf diese Frage ist zweigeteilt. Der erste Teil handelt von der **Auswahl der richtigen Informationen**. Es geht im Kern um die Einführung von Indikatoren, die die Leistung und Kosten des Dienstleistungsgeschäfts messen. Wir bezeichnen die Einführung und Nutzung solcher Indikatoren als **Performance Measurement**. Zwei Gruppen von Indikatoren wollen wir näher betrachten: strategische und operative Indikatoren.

Strategische Indikatoren sollen das jeweils mit einer Dienstleistungsstrategie verfolgte Oberziel messen. Eine sinnvolle Erarbeitung von Indikatoren bedarf der Erörterung, wann ein Indikator für eine Messung geeignet ist. Hierzu dienen uns die beiden Konzepte **„Reliabilität"** und **„Validität"**.

Ein Indikator ist **reliabel**, wenn er bei wiederholter Anwendung zum immer gleichen Wert kommt. Ist diese Bedingung nicht erfüllt und ist die Abweichung nicht konstant, ist der Indikator nicht vollständig reliabel. Verdeutlichen wir dies an einem Beispiel: Wird als Indikator für die Qualität der Dienstleistungserbringung ein Index aus mehreren Fragen an den Kunden verwendet, können wir in der Regel davon ausgehen, dass der Indikator nicht vollständig reliabel ist. Grund dafür ist, dass die Antwort des Kunden von einer Vielzahl von Größen beeinflusst ist, nicht zuletzt von der aktuellen „Laune" des Kunden.

Validität ist ein Maß für die Gültigkeit des Indikators. Oder in Frageform ausgedrückt: Erfasst der Indikator den Sachverhalt, den er erfassen soll? Auch hierzu ein Beispiel: Soll ein Indikator die Gesamtkosten der Dienstleistungserbringung erfassen, ist die Validität eingeschränkt, wenn die Kosten einer Aktivität fälschlicherweise nicht berücksichtigt werden.

© Springer Fachmedien Wiesbaden 2014
M. Seiter, *Industrielle Dienstleistungen in sieben Handlungsfeldern,* essentials,
DOI 10.1007/978-3-658-06940-7_7

Validitätsprobleme entstehen häufig durch **unvollständige Abgrenzung** der Effekte, die durch das (Fehl-)Verhalten der Kunden entstehen. Diese können den Erfolg des Dienstleistungsgeschäfts wesentlich beeinflussen. Indikatoren müssen diesen Zusammenhang abbilden. Eine zweite Quelle für mangelhafte Validität ist die interne Leistungsverrechnung zwischen Dienstleistungs- und Produktbereichen. Wird diese bei der Definition der Indikatoren nicht berücksichtigt, sind fehlerhafte Interpretationen die Folge.

Verdeutlichen wir uns diese Prinzipien am Beispiel eines strategischen Indikators für die **Basisstrategie „Kundenorientierung"**. Oberstes Ziel ist es, erst ab jenem Zeitpunkt Dienstleistungen anzubieten, zu dem entweder Kunden aktiv nachfragen oder die entsprechende industrielle Dienstleistung ein Standard in der betreffenden Branche geworden ist. Wir stehen folglich vor der Herausforderung einen Indikator zu erarbeiten, der dieses Oberziel abbildet. Betrachtungsobjekt dieses Indikators ($SI_{Kundenorientierung}$) ist das **Dienstleistungsportfolio**. Er misst, welchen Anteil die Dienstleistungen am Gesamtportfolio (GP) aufweisen, die dem oben genannten Kriterium entsprechen ($ID_{Marktstandard}$). Als erster Annäherung können wir daher folgenden Indikator vorsehen:

$$SI_{Kundenorientierung} = \frac{ID_{Marktstandard}}{GP}$$

Der **Wertebereich** des Indikators reicht von 0 bis 1. Das Oberziel ist umso mehr erreicht, je mehr der Indikator sich dem Wert 1 annähert. Es stellt sich allerdings die Frage, wie wir bestimmen, welche Dienstleistungen dem Kriterium entsprechen.

Hierzu müssen wir das nicht direkt messbare Kriterium durch **messbare Unterkriterien** erfassbar machen. Ein Ansatz hierzu ist die Erfassung der **Kundenanfragen**. Ab einer gewissen Mindestzahl an Anfragen gilt das Kriterium dann als erfüllt. Ein anderer Weg ist die Analyse des Angebots der **Konkurrenten**. Ab einer gewissen Mindestanzahl an Konkurrenten, die die Dienstleistung im Angebot haben, gilt das Kriterium als erfüllt.

Direkt daran schließt sich die zweite Frage an: Wie **gewichten** wir die einzelnen Dienstleistungen in der Formel? Wiederum existieren hier unterschiedliche Varianten. Wir können die Anzahl der Dienstleistung erfassen; dies entspräche einer **Gleichgewichtung**. Alternativen dazu sind die **Gewichtung** mit den Dienstleistungsumsätzen, den Dienstleistungskosten oder den Ergebnisbeiträgen der einzelnen Dienstleistungen.

Diese Ausführungen zeigen, dass dieser Indikator eine geringere **Validität** aufzeigt, als jener für die Strategie „Gesetzliche Verpflichtung". Gründe dafür sind im Wesentlichen die **Abgrenzungsprobleme** im Zusammenhang des Zählers der Formel. Betrachten wir als nächsten Fall die Strategie „Verstetigung". Mit operativen Indikatoren messen wir die **Effizienz** des Dienstleistungsgeschäfts. Effizienz ist definiert als der Quotient aus **Leistungen** und den dafür notwendigen **Kosten**. Mit Leistung ist dabei nicht der Begriff gemeint, wie ihn die Kosten- und Leistungsrechnung verwendet, also die bewertete Güterentstehung. Vielmehr sind jegliche relevante Leistungsaspekte erfasst, wie bspw. Prozesszeiten und Dienstleistungsqualität. Kosten und Leistungen sind nicht unabhängig voneinander.

Es ist folglich notwendig, für die Steuerung des Dienstleistungsgeschäfts die beiden Kategorien **gemeinsam** zu betrachten und nicht isoliert voneinander. Aus didaktischen Gründen verstoßen wir gegen diesen Grundsatz und erörtern Kostenindikatoren und Leistungsindikatoren getrennt. Die Zusammenführung zu Effizienzindikatoren muss dann unternehmensindividuell erfolgen.

Der **Wertstrom** einer Dienstleistung ist unser Ausgangspunkt, wenn wir Kostenindikatoren ableiten wollen. Er bildet die Dienstleistungsaktivitäten und dazu notwendigen Ressourcen ab. Während wir mit Kostenindikatoren den bewerteten Mitteleinsatz betrachten, bilden wir mit Leistungsindikatoren die damit erzielten Leistungen ab. Hierzu unterteilen wir die Leistungsindikatoren gemäß den drei **Dienstleistungsfunktionen** Entwicklung, Vertrieb und Erbringung. Für konkrete Indikatoren sei an diese Stelle auf das Buch „Industrielle Dienstleistungen – Wie produzierende Unternehmen ihr Dienstleistungsgeschäft aufbauen und steuern" vom gleichen Autor verwiesen.

Handlungsfeld

8

Anreize – Wie steuern wir das Verhalten der beteiligten Akteure?

Die zentrale Frage in diesem Handlungsfeld ist, welche **Anreize** wir setzen müssen, damit alle beteiligten Personen zum **Erfolg** des Dienstleistungsgeschäfts **beitragen**. Diese Anreize müssen so gestaltet werden, dass sie erfolgssteigernde Verhaltensweisen belohnen. Weiterhin sollen Anreize Verhaltensweisen unterbinden, die den Erfolg des Dienstleistungsgeschäfts gefährden. Dieses negative Verhalten bezeichnen wir hier als **dysfunktionales Verhalten**.

In der betrieblichen Praxis werden in der Regel verschiedene Anreize gesetzt, weswegen wir vom **Anreizsystem** sprechen. Dies ist die Gesamtheit aller Anreize, die wir aktiv gestaltet haben, um das Verhalten der Mitarbeiter im Sinne der Ziele des Dienstleistungsgeschäfts zu beeinflussen.

Anreize richten sich an Personen, die dem Anbieter von Dienstleistungen angehören. Dazu gehören Angehörige der Dienstleistungsentwicklung, des Dienstleistungsvertriebs und der Dienstleistungserbringung.

Wollen wir Anreize gestalten, ist es notwendig, zu klären, aus welchen Elementen solche bestehen. Abbildung 8.1 zeigt diese **Elemente** und deren Zusammenwirken.

Grundsätzlich können wir festhalten, dass ein Anreiz eine **Belohnung** ist, der für eine definierte **Leistung** vergeben wird. Ein erster Gestaltungsansatz ist folglich die Art der Belohnung. In der Literatur liegen zahlreiche Klassifikationen von Belohnungen vor. Besonders prominent wird die Unterscheidung zwischen materiellen und immateriellen Anreizen diskutiert. Der dominante materielle Anreiz ist Geld. Beispiele für immaterielle Anreize sind ein Zuwachs an Verantwortung oder eine Auszeichnung.

Der zweite Gestaltungsansatz ist die **Bemessungsgrundlage**. Es handelt sich um die Art der Leistung, die dazu führt, dass eine Belohnung vergeben wird. Diese

© Springer Fachmedien Wiesbaden 2014
M. Seiter, *Industrielle Dienstleistungen in sieben Handlungsfeldern*, essentials,
DOI 10.1007/978-3-658-06940-7_8

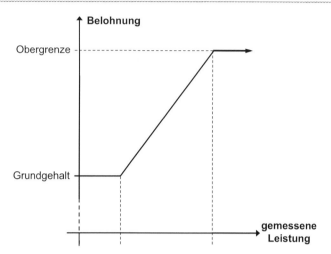

Abb. 8.1 Elemente eines Anreizsystems

Leistung ist die Verbindung zum gewünschten Verhalten. Konkret bedeutet dies, dass als Bemessungsgrundlage jene Leistung herangezogen werden sollte, mit der ein Mitarbeiter zum Erfolg des Dienstleistungsgeschäfts beiträgt. Hier zeigt sich die Abhängigkeit von der gewählten **Dienstleistungsstrategie**. Da diese die Oberziele und damit indirekt auch die Unterziele des Dienstleistungsgeschäfts definieren, ist dieses auch maßgeblich für die Bestimmung der Bemessungsgrundlage. Eine allgemeingültige Vorgabe, welche Leistung belohnt werden sollte, existiert somit nicht.

Der dritte Gestaltungsansatz ist der konkrete **Zusammenhang** von Bemessungsgrundlage zu Belohnungshöhe. Hierbei stellt sich zunächst die Frage, ob dieser Zusammenhang eindeutig definiert werden soll oder ob wir Spielräume zulassen wollen.

Im ersten Fall ist jeder Leistungshöhe eine bestimmte Belohnungshöhe zugeordnet. Der Vorteil dieser Variante ist die **Objektivität** der Lösung; zumindest, wenn die Leistung exakt gemessen werden kann. Die Akzeptanz bei den Mitarbeitern ist folglich hoch. Der Nachteil ist, dass einem Vorgesetzten keinerlei **Spielraum** eingeräumt ist, Faktoren zur berücksichtigen, die sich negativ oder positiv auf die Leistung oder Leistungsfähigkeit des Mitarbeiters ausgewirkt haben.

Im zweiten Fall räumen wir dem Vorgesetzten einen gewissen Spielraum bei der Vergabe der Belohnungen ein. Eine Möglichkeit ist, dass zwar eine eindeutige Zuordnung zwischen Leistung und Belohnung definiert ist, der Vorgesetzte allerdings zu einem gewissen Grad davon **abweichen** kann. Der Vorteil ist, dass die oben genannten Faktoren berücksichtigt werden können. Der Nachteil ist, dass solche Korrekturen vom Mitarbeiter als **subjektiv** und damit auch als ungerecht wahrgenommen werden können.

In beiden Fällen ist es von hoher Wichtigkeit, dass die Bemessungsgrundlage valide gemessen wird. Der Grund ist, dass eine **Verzerrung** in der Leistungsmessung zu einer Verzerrung bei der Vergabe von Belohnungen führt.

Für die Gestaltung von Anreizen unterscheiden die Mitarbeiter des Dienstleistungsgeschäfts in drei Gruppen, die jeweils eine wesentliche Funktion des Dienstleistungsgeschäfts repräsentieren. Die Mitarbeiter des **Dienstleistungsvertriebs** haben die Aufgabe, Kunden für die angebotenen Dienstleistungen zu gewinnen. Mitarbeiter der **Dienstleistungserbringung** sind für alle Dienstleistungsprozesse vom Abruf der Dienstleistung vom Kunden bis zur Fakturierung der erbrachten Dienstleistungen zuständig. Beiden Funktionen vorgelagert sind die Mitarbeiter der **Dienstleistungsentwicklung.** Hier erörtern wir nur die Anreize für den Dienstleistungsvertrieb.

Die dominante **Belohnung** für Vertriebsmitarbeiter ist die monetäre Vergütung. Keine andere Belohnung hat einen auch nur annähernd vergleichbaren Stellenwert. Zwar werden weitere Belohnungen ergänzt, wie bspw. Anrecht auf einen höherwertigen Firmenwagen oder Auszeichnungen der Form „Vertriebsmitarbeiter des Monats". Aber: Diese spielen in der Wahrnehmung der Mehrheit der Vertriebsmitarbeiter eine untergeordnete Rolle.

Hinsichtlich der **Bemessungsgrundlage** müssen wir verschiedene Formen unterscheiden. Als Unterscheidungsmerkmal dient uns die gewählte Dienstleistungsstrategie. Wie in Abschn. 7.2 erörtert verlangen die unterschiedlichen Basisstrategien nach spezifischen Leistungsindikatoren. Diese bilden den Ansatzpunkt, mit Hilfe dessen wir die jeweiligen Bemessungsgrundlagen auswählen. Der Zusammenhang ist folglich: Wählen wir als Bemessungsgrundlage einen der Leistungsindikatoren, die wir im Performance Measurement anwenden, setzen wir einen direkten Impuls für Erfolg steigerndes Verhalten.

Betrachten wir die Bemessungsgrundlagen im Falle der **Basisstrategie „Kundenorientierung".** Im Fokus steht das Produktgeschäft. Das Dienstleistungsgeschäft ist ein Mittel, um das Produktgeschäft zu unterstützen. In der Regel werden Belohnungen nicht auf Basis einer einzelnen Bemessungsgrundlage vergeben, sondern mehreren. Im Falle dieser Strategien ist es notwendig, dass eine dieser Bemessungsgrundlagen der Produktumsatz ist. Der Dienstleistungsumsatz kann ebenfalls Eingang in die Bemessung finden, aber mit einem geringeren Gewicht.

Fazit – Was Sie aus dem Essential mitnehmen können

In diesem Buch haben wir uns mit der Frage befasst, was notwendig ist, um das **industrielle Dienstleistungsgeschäft** erfolgreich aufzubauen und zu steuern. Die Antwort auf diese Frage haben wir in **sieben Handlungsfelder** unterteilt. Diese sieben Handlungsfelder sind Ergebnis zahlreicher Forschungs- und Beratungsprojekte, die ich in den letzten Jahren zu diesem Thema begleiten durfte. In jedem Handlungsfeld haben wir einen Teil der Frage beantwortet, indem wir **Instrumente und Vorschläge** erörtert haben.

Das vorliegende Buch ist eine **konzentrierte Kurzfassung** des Werks „Industrielle Dienstleistungen – Wie produzierende Unternehmen ihr Dienstleistungsgeschäft aufbauen und steuern". In der Langversion finden Sie detailliertere Ausführungen, mehr Beispiele sowie die Anpassung der einzelnen Handlungsfelder an verschiedene Dienstleistungsstrategien.

© Springer Fachmedien Wiesbaden 2014
M. Seiter, *Industrielle Dienstleistungen in sieben Handlungsfeldern*, essentials,
DOI 10.1007/978-3-658-06940-7

Literatur

Fließ, S. (2009). *Dienstleistungsmanagement – Kundenintegration gestalten und steuern.* Wiesbaden: Gabler.

Horváth, P. (2011). *Controlling* (12. Aufl.). München: Vahlen.

Krafft, M., Rutsatz, U. (2006). Konzepte zur Messung des ökonomischen Kundenwerts. In B. Günther & S. Helm (Hrsg.), *Kundenwert – Grundlagen – Innovative Konzepte – Praktische Umsetzungen* (3. Aufl., S. 269–291). Wiesbaden: Gabler.

Mödinger, P., Redling, B. (2004). Produktbegleitende Dienstleistungen im Industrie- und Dienstleistungssektor im Jahr 2002. *Wirtschaft und Statistik, 12,* 1408–1413.

Rosentritt, C., Seiter, M., Kuffer, F., & Gartner, M. (2012). Heuristikbasierte Ersatzteilbedarfsprognosen – Ansätze zur Überwindung eines Datenverfügbarkeitsproblems. *Productivity Management, 17*(5), 58–61.

Rother, M., & Shook, J. (2004). *Sehen lernen – Mit Wertstromdesign die Wertschöpfung erhöhen und Verschwendung beseitigen.* Aachen: Lean Management Institute.

Seiter, Gille. (2012). Service Costing – Coping with Dysfunctional Customer Behavior. *Journal of Cost Management, 26*(4), 5–12.

© Springer Fachmedien Wiesbaden 2014
M. Seiter, *Industrielle Dienstleistungen in sieben Handlungsfeldern,* essentials,
DOI 10.1007/978-3-658-06940-7